Kirsten Winderlich (Hrsg.)

Kunst & Ästhetik

Die Reihe „Bildungsjournale Frühe Kindheit" im Überblick:

Bewegung, Körpererfahrung & Gesundheit
978-3-589-24583-3
Emotionalität & soziale Beziehungen
978-3-589-24645-8
Ethik, Religion & Philosophie
978-3-589-24587-1
Kreativität & Spielen
978-3-589-24584-0
Kunst & Ästhetik
978-3-589-24581-9
Mathematik, Naturwissenschaften & Technik
978-3-589-24585-7
Musik & Rhythmik
978-3-589-24582-6
Natur & Umwelt
978-3-589-24586-4
Sprache & Literacy
978-3-589-24580-2

Bei Fragen und Anregungen wenden Sie sich bitte an unsere Berater:
Marketing, 14328 Berlin, Cornelsen Service Center, Servicetelefon 030/89 785 89 29

Weitere Informationen finden Sie im Internet unter:
www.cornelsen.de/fruehe-kindheit

Die in diesem Werk angegebenen Internetadressen haben wir überprüft (Redaktionsschluss 31.03.2010).
Dennoch können wir nicht ausschließen, dass unter einer solchen Adresse inzwischen ein ganz anderer
Inhalt angeboten wird.

Bibliografische Information: Die Deutsche Bibliothek verzeichnet diese Publikation in der Deutschen
Nationalbibliografie; detaillierte bibliografische Daten sind im Internet über http://dnb.ddb.de abrufbar.

1. Auflage 2010
© 2010 Cornelsen Verlag Scriptor GmbH & Co. KG, Berlin

Reihenkonzept & Redaktion: lüra – Klemt & Mues GbR, Wuppertal
Herstellung: Renate Hausdorf, München
Layout & Satz: Claudia Adam Graphik-Design, Darmstadt
Druck & Bindung: orthdruk, Bialystok, Polen
Illustrationen: Miryam Specht, Schwalbach a.T.
Umschlaggestaltung: Claudia Adam Graphik-Design, Darmstadt

Printed in Poland

ISBN 978-3-589-24581-9

Editorial

Kinder bilden sich von Anfang an über ihre Sinne, ihre sinnliche Wahrnehmung. Das Spiel und die Bewegung, das Malen und Gestalten, das Bauen und Konstruieren, das Experimentieren mit der eigenen Stimme und Klängen ist für die Kinder dabei nie nur ein Mittel, ein wie auch immer gestaltetes ästhetisches Objekt zu schaffen. Jede dieser Tätigkeiten ist ein Weg, sich die Welt anzueignen, in der es nicht nur eine Vielfalt an Fremdem und Neuem zu entdecken, sondern die es auch zu gestalten gilt. In dieser Hinsicht sind die den Kindern eigenen ästhetischen Praktiken den künstlerischen Arbeitsweisen, insbesondere der zeitgenössischen Kunst sehr nah.

Wenn wir von der Bedeutung der Künste für die Bildung von Kindern sprechen, bezieht sich diese immer auf die kulturelle Teilhabe von Kindern. Durch die Begegnung mit Kunst partizipieren sie an der Auseinandersetzung Erwachsener mit der Wirklichkeit. Darüber hinaus bieten die Künste den Kindern eine unschätzbare Vielfalt an Anregungen, sich mit der Welt und dem Selbst auseinanderzusetzen, sich an ihrem Gegenüber zu reiben und an ihm zu wachsen. In diesem Sinne nehmen die Künste im Bildungsprozess von Kindern eine Vor-Bild-Bedeutung ein. Sie regen die kindliche Fantasietätigkeit und Imaginationsfähigkeit an und führen Kindern gewissermaßen vor, wie diese ihr Spiel und ihre inneren und äußeren Bilder erweitern können.

Für Kindertagesstätten eröffnet das Bildungspotenzial der Künste eine große Chance. Es gibt vielfältige Möglichkeiten, diese in den Alltag zu integrieren, z. B. mit Künstlern zu kooperieren, Theater, Ausstellungen oder Museen zu besuchen und schließlich die Künste in die pädagogische Praxis zu integrieren. Die Herausforderung ist hierbei für die Erzieherinnen und Erzieher, ästhetische Bildungsprozesse in Gang zu setzen und diese zu unterstützen und zu begleiten, ohne die Kinder in ihren eigenen Ideen, ihrer Spielfreude, ihrer Experimentierlust und ihrem Gestaltungsdrang einzuengen.

Das vorliegende Bildungsjournal Kunst und Ästhetik macht einen Vorschlag, wie den schöpferischen Weltaneignungsprozessen der Kinder auf der Grundlage der einfühlsamen Wahrnehmung und Beobachtung Raum gegeben werden kann. Es zeigt, wie Kinder über künstlerische Arbeitsweisen zu einem persönlichen, aber auch eigensinnigen Ausdruck gelangen können.

Soll Bildung gelingen, muss sie an die Erfahrungen der Kinder anknüpfen. Dies gilt auch und besonders für die ästhetisch-künstlerische Bildung. Ein idealer Rahmen für die ästhetische Bildung ist das Lernen in Werkstätten und Projekten. Sie in den Alltag der Einrichtungen zu integrieren, erfordert von den Erzieherinnen und Erziehern nicht nur Lust auf eine künstlerische Praxis, sondern ebenso eine Aufmerksamkeit für die ästhetischen Praktiken der Kinder. Diese Offenheit für ihre Ideen und der Mut, sich mit künstlerischen Mitteln in unvorhergesehene Situationen hineinzubegeben, macht letztendlich die künstlerisch-forschende Haltung aus, die für den Bereich der ästhetischen Bildung so notwendig ist.

Die folgenden Praxisbeispiele zur ästhetisch-künstlerischen Bildung von Kindern zwischen einem und zehn Jahren geben Anregungen, Kinder in ihren eigenen ästhetischen Erfahrungsprozessen wahrzunehmen, zu unterstützen, zu begleiten und ihnen dafür eine Vielfalt an neuen Impulsen anzubieten. Ausgangspunkt der Impulse ist hierbei die Lust der Kinder am Bildermachen, am Betrachten von Bildern, am Hören und Erzählen von Geschichten, am experimentellen Umgang mit Material, am Bauen und Konstruieren, am Verhüllen, Verstecken und Verkleiden, am Unterwegssein und schließlich am Spuren hinterlassen. Es wird deutlich, dass diese Impulse häufig nur ganz kleine Gesten sind, die jedoch eine große Wirkung entfalten. Geleistet werden kann dieses z. B. durch das Bereitstellen eines neuen Materials in einem nicht gewohnten Kontext, oder durch das Aufsuchen eines noch nicht bekannten Ortes. Ermöglicht werden kann dies durch ein neues Werkzeug, durch die Gestaltung einer neuen und unerwarteten Situation, um Bilder zu betrachten, einer Geschichte zu lauschen und zu erzählen. Und schließlich wird deutlich, dass die Impulse für die ästhetische Bildung weniger als Angebote zu verstehen sind, die vorhersehbare Handlungen der Kinder implizieren, als vielmehr als Ereignis, das bei den Kindern wie den Erwachsenen unschätzbare Freude und tiefgreifendes Nachsinnen auslöst – Grundvoraussetzungen für Lernen überhaupt.

Kirsten Winderlich

Inhalt

Der Bildungsbereich

...in der Praxis

Service

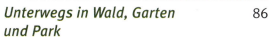

Kunst und Ästhetik als Bildungsbereich – Wie Kinder schauen und verstehen

Ausgewählte Bilderbücher geben Einblick in das ästhetische Erleben

Text: Kirsten Winderlich
Illustrationen: Nikolaus Heidelbach, Isabel Pin, Wiebke Oeser | Foto: Nick Ash

Kunst und Ästhetik erschließen sich zentral durch eigenes Erleben, Handeln und Erfahren. Kinder verschaffen sich über sinnliche Wahrnehmungs- und ästhetische Erfahrungsprozesse Zugänge zur Welt. Darum ist die ästhetische Bildung von elementarer Bedeutung für die frühkindlichen Bildungsprozesse und für die Entwicklung der Persönlichkeit. Ihr Ziel ist es nicht, Kinder zu Künstlern zu machen. Ästhetische Bildung stößt durch die Beschäftigung mit den Künsten und mit künstlerischen Arbeitsweisen individuelle Aneignungsweisen von Welt an, in Auseinandersetzung mit dem Selbst und dem Anderen. Daraus können sich künstlerische Prozesse entwickeln, die Raum geben für eigensinnige Bildungserlebnisse zwischen Spiel und Experiment, zwischen Wahrnehmung, Gestaltung, Ausdruck und Imagination – durchaus mit einer Nähe zur Kunst.

Erwachsene(n) Missverständnisse

Ästhetische Erfahrungs- und Bildungsprozesse sind an die Individualität des Einzelnen gebunden. Kinder erleben die Welt anders als Erwachsene, ihr Weltverständnis sollte aus diesem Grund nicht vorschnell und ausschließlich aus der Sicht des Erwachsenen interpretiert und bewertet werden. Isabel Pin zeigt das „erwachsene" Unvermögen, sich in kindliches Denken und Fühlen einzufinden, in ihrem Bilderbuch „Als alle früher nach Hause kamen" auf humorvolle Weise, indem sie die alltäglichen Missverständnisse anschaulich vorführt.

Tom, der Held ihrer Geschichte, mag den Mittwoch am liebsten von allen Schultagen. Jeden Mittwoch dürfen die Kinder malen, und zwar alles, was ihnen gefällt. Der Klassenraum ist mit den Kinderbildern ausgeschmückt. Wir sehen Bilder, wie sie in vielen Grundschulen, aber auch in Kindertagesstätten zu finden sind: Bäume, Häuser, Masken und Klecksbilder – standardisierte Themen auf vorformatiertem Papier. Angela, die Erzieherin, sieht die Bilder der Kinder an und kommentiert sie. Wir erfahren als Lesende, was sie dazu mitzuteilen hat. Allerdings deutet sie die Bilder aus ihrer Perspektive, sie schaut mit den Augen einer Erwachsenen darauf.

So hält sie zum Beispiel den von Paul gemalten neuen Basketballschuh für einen Bus.

Als Angela Toms Bild betrachtet, kann sie ihr Erschrecken kaum verbergen. Sie bittet ihn in den Flur und holt die Leiterin. Tom ist irritiert, denn „normalerweise wird sie (die Leiterin) gerufen, wenn etwas Schlimmes passiert ist. Wenn ein Kind sich auf dem Klo eingesperrt hat und nicht wieder herauskommt, oder wenn wir zum Beispiel eine Fensterscheibe eingeschlagen haben." Angela flüstert der Leiterin etwas ins Ohr, woraufhin sich die Leiterin Toms Bild ansieht. Sie lächelt Tom professionell an und sagt, dass sie seine Mutter anrufen wird. Warum dieser Anruf scheinbar notwendig ist, erfährt Tom noch nicht. Auch Toms Mutter reagiert besorgt über Toms Bild, „wie wenn Papa abends sehr spät nach Hause kommt". Tom soll sich zu Hause ausruhen. Nach und nach werden alle Familienmitglieder ins Haus geholt. Sogar der Hausarzt kommt und betrachtet Toms Bild.

Tom wundert sich über das Verhalten der Erwachsenen. Allerdings lässt er sich nicht von der gedrückten und besorgten Stimmung der Erwachsenen anstecken, sondern genießt diese seltene Anwesenheit seiner Familie am Nachmittag. Tom bittet seine Oma, mit ihm einen Kuchen zu backen. Dann

kommt zur Überraschung aller noch jemand, Toms Freundin Lilly, die nebenan wohnt und bemerkt hat, dass die Familie wegen Tom früher nach Hause gekommen ist. Sie glaubt, Tom habe Geburtstag. Toms Mutter nutzt Lillys Besuch, um auch sie über Toms Bild zu befragen. Lilly ist begeistert und benennt als Erste, was sie auf dem Bild konkret sieht: „Es ist echt super, dein schwarzes Quadrat, Tom!"

Zum ersten Mal bekommen wir Toms Bild zu Gesicht. Es erinnert an das kunsthistorisch bedeutsame „Schwarze Quadrat" von Kasimir Malewitsch (1915), der ein wichtiger Vertreter der abstrakten, russischen Kunst der Moderne ist. Durch die Anspielung auf die moderne Kunst wird die Unwissenheit der Erwachsenen sowohl gegenüber moderner Kunst als auch gegenüber Toms Bild noch einmal unterstrichen. Die Erwachsenen haben einen rein pädagogisch-psychologischen Filter verwendet und es schlicht versäumt, nach den ästhetischen Erfahrungen und künstlerischen Prozessen zu fragen, die in Toms Bild eingeflossen sind.

Sie hätten auch ganz anders an das Bild herangehen können. Sie hätten fragen können:

- Was macht das Besondere an Toms bildnerischen Handlungen aus?

- Was ist hier das schöpferische Moment?

Tom hat ein vollkommen anderes Bild geschaffen, als man es von ihm und den anderen Kindern gewohnt war und nun auch weiterhin erwartet. Toms Bild lässt sich in seinem Eigensinn nicht unter den gewohnten Gesichtspunkten hinterfragen. Bemerkenswert ist zudem, dass Tom die ernste und besorgte Stimmung der Familienmitglieder zwar wahrnimmt, in seinem inneren Erleben jedoch seine eigene Stimmung und

Befindlichkeit spürt und die Situation atmosphärisch umdeutet: Immerhin sind an diesem Tag seinetwegen alle früher nach Hause gekommen! Er nutzt diesen Sachverhalt positiv für sich aus, backt einen Kuchen und bereitet sich auf diese Weise seine ganz eigene Vernissage.

Dieses besondere Bilderbuch arbeitet die existentielle Bedeutung ästhetischer Bildungsprozesse heraus. Isabel Pins Buch macht auch deutlich, dass die Bilder der Kinder nicht anhand der von Erwachsenen gesetzten Maßstäbe bewertet werden sollten. Was die Bilder, Objekte, Geschichten und Aufführungen bedeuten, sollte auch und insbesondere aus der Perspektive der Kinder analysiert werden. Erwachsene sollten Kindern aufmerksam zuhören, wenn sie über ihre Bilder sprechen und – selbstverständlich – über die oft unerwartete Tiefgründigkeit der Erzählungen zu den Bildern und die eigenen Interpretationen der Kinder staunen.

Der eine oder andere mag an dieser Stelle nachfragen, ob wir nicht etwas versäumen, wenn wir aus unserer Perspektive besorgniserregenden Bildern nicht nachgehen. Den Bildern der Kinder nicht vorschnell Interpretationen überzustülpen meint nicht, dass wir als Erwachsene nicht an den Äußerungen der Kinder teilnehmen sollten, meint nicht, dass wir uns keine Gedanken machen sollten. Wichtig ist, dass wir wissen, dass unsere Gedanken und Deutungen in Bezug auf die Bilder der Kinder nicht die einzige Wahrheit beanspruchen. Wichtig ist, dass wir die Kinder an unseren Gedanken, Gefühlen und Deutungen teilhaben lassen. Tom wurde von dem Blick der Erwachsenen auf sein Bild vollkommen ausgeschlossen. Es hat niemand zu ihm gesagt: „Das ist aber ein dunkles Bild! Bist du traurig, Tom?" Oder „So ein Bild Tom habe ich von dir noch nie gesehen? Wie bist du denn auf so eine Idee gekommen? Hast du so ein Bild schon einmal irgendwo gesehen? Wie gefällt dir das Bild?" Das Verhalten der Erwachsenen in der Bilderbuchgeschichte sucht keinen verstehenden Zugang zum Bild aus der Perspektive von Tom, sondern baut vielmehr Distanz zwischen den Erwachsenen und Tom auf. Tom ist glücklicherweise ein sehr selbstbewusstes Kind. Vorstellbar wäre jedoch auch, dass ein Kind ein derartiges distanziertes Verhalten auf

seine Person zurückführt und sich als Mensch infrage gestellt fühlt. Denn das ist sicherlich ein großer Unterschied zwischen Kindern und Erwachsenen: Kindern steht im frühen Alter ausschließlich die sinnlich-ästhetische Auseinandersetzung mit der Welt zur Verfügung. In diesem Sinne fühlen sie sich viel mehr mit ihren Bildern (Bild hier im weitesten Sinne verstanden) verbunden als Erwachsene, für die das „Bildermachen" keine existenzielle Bedeutung haben muss.

Von der Fantasie als Schlüsselmoment im Bildungsbereich Kunst und Ästhetik

Für die schöpferische und eigensinnige Aneignung von Welt brauchen Kinder Ideen. Diese sammeln sie im Spiel und erschaffen sie in ihrer Fantasie. Ein anschauliches Beispiel dafür ist Albrecht Fafner in Nikolaus Heidelbachs Bilderbuchgeschichte „Albrecht Fafner fast allein".

Albrecht ist allein zu Hause. Er ist verkleidet. Mutters Badekappe auf dem Kopf und eingehüllt in den Lieblingsregenmantel, sitzt Albrecht auf einer Schaukel und stützt seinen Kopf in die Hände. Es ist nicht klar, ob er sich langweilt oder ob er träumt. Nikolaus Heidelbach erzählt, wie der Junge sacht

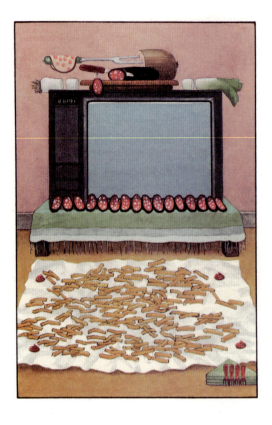

schaukelt und hin- und herüberlegt, was er alles machen könnte. Und dann geht es los. Auf der nächsten Seite wird mit dem Klischee aufgeräumt, Langeweile sei per se unproduktiv. Albrecht katapultiert sich schaukelnd in ein fernes Land. In dieser anderen Welt, in seiner Fantasie gibt es Wüsten, Urwälder mit steilen Bergen und breiten Flüssen, Krokodile, Löwen, Giraffen, Nilpferde, Schlangen, Affen und Mäuse. Nacheinander sucht er dann fast jedes Zimmer des Hauses auf. Die Bilder Heidelbachs zeigen auf beeindruckende Weise, wie sich die Zimmer durch das Spiel des Jungen und seine Fantasie verwandeln. Sie werden von Tieren und Menschen bevölkert, die Albrecht entweder beschützen oder von denen er bedroht wird. Immer neue Szenarien lässt Albrecht in seiner Fantasie lebendig werden. So geht es immer weiter – bis es an der Tür klingelt und Albrecht nicht mehr allein in der Wohnung ist.

Sofia ist gekommen. Die beiden Kinder steigen gemeinsam ins Spiel ein. An dieser Stelle öffnet sich

eine weitere Facette ästhetischer Bildung. War Albrecht zuvor allein in seiner Fantasie schöpferisch tätig, so ist er es jetzt gemeinsam mit Sofia, und zwar in szenischer und körperlicher Tätigkeit. Die beiden verwandeln das ganze Haus in eine Art Schlaraffenland. Mit Lebensmitteln aus dem Kühlschrank arrangieren die Kinder Installationen und Stillleben: Eier, Milch, Butter, Wurst, Schinken, Sülze, Senf, Ketchup, Pudding, Quark, Gurken, Gehacktes, Gemüse, Saft und vieles andere mehr wird Teil raumgreifender Installationen und auf diese Weise zu neuem Leben erweckt. Als alle Nahrungsmittel aus dem Kühlschrank im Einsatz sind, greifen die beiden Kinder auch in der Speisekammer und bei den Vorräten im Keller zu.

„Was richten die beiden für ein unverschämtes Chaos an?!", wird der eine oder andere vielleicht denken. Nikolaus Heidelbachs Bilder überzeugen vom Gegenteil. Sie zeigen Lebensmittel, kunstvoll zu Landschaften aufgetürmt, zu raumgreifenden Szenen arrangiert und zu fremd-vertrauten Bildern komponiert, die einem Erwachsenen den Tadel schwermachen: „Mit Essen spielt man nicht!" Vielleicht doch? Aber gerade darum geht es in dieser Geschichte und zumindest zum Teil auch in dem Bildungsbereich Kunst und Ästhetik.

Die Sicht auf die Dinge ändern

Die ästhetisch-künstlerische Arbeit berührt Tabus, sie überschreitet Grenzen – und erobert neue Welten. Aber nicht nur dazu trägt sie bei. Die künstlerische und ästhetische Praxis ermutigt Kinder, sowohl an Utopien zu arbeiten als auch in und mit ihrer Gegenwart zurechtzukommen. Sie ermöglicht ihnen, zum Beispiel im Rollenspiel, ein Probeerleben aller erdenklichen Möglichkeiten. Sie hat aber immer auch eine kompensatorische Funktion: Albrecht Fafner ist oft allein. Dank seiner Fantasie geht er lustvoll schöpferisch mit seinem Alleinsein um, indem er eine Geschichte erfindet, in der er der Held ist, auf dessen Hilfe andere angewiesen sind. Zudem gewinnt Albrecht gerade durch sein fantasiegeleitetes Spiel eine Freundin, mit der er gemein-

sam neue Ideen entwickelt und nun zu zweit schöpferisch tätig wird.

Die beiden Bilderbücher zeigen, wie Kinder die ästhetisch wahrgenommene äußere Wirklichkeit mit Hilfe nonverbaler oder verbaler Mittel verarbeiten. Ihre Fantasie, das innere Vorstellungsvermögen, spielt dabei eine besondere Rolle. Neue Eindrücke werden mit bereits vorhandenen Erlebnissen in Beziehung gesetzt und dabei zu immer wieder neuen Bildern umgewandelt. Neben der Fantasietätigkeit gibt es weitere Verarbeitungsmöglichkeiten.

Kinder erweitern ihre ästhetischen Wahrnehmungen spielerisch und spielend, durch Bauen und Konstruieren, durch Erzeugen von Klängen und musikalische Betätigung, durch das Herstellen von Bildern, durch Bewegung und im szenischen Ausdruck. Im Rahmen solcher Prozesse konstruieren Kinder ihre ganz eigene, einzigartige Vorstellung von Wirklichkeit. Neues, Überraschendes, manchmal auch Irritierendes wird dabei in den Kontext der bisherigen Erfahrung und des bereits gegebenen Weltwissens eingebunden.

Die fließende und teilweise a-lineare Entwicklung ästhetischer Bildung veranschaulicht Wiebke Oeser in ihrem Bilderbuch „Bertas Boote". Wir können das Mädchen Berta beim Basteln, Bauen und Bildermachen beobachten und begleiten sie, wenn sie durch die im schöpferischen Tun ausgelösten ästhetischen Bildungsprozesse ihre Sicht auf die Dinge und die Welt verändert.

Was geschieht im Buch? Berta baut sieben Segelboote. Bemerkenswert ist, dass kein Boot wie das andere aussieht. Aus Bertas Perspektive ist das gefährlichste der Boote ein Piratenboot. Sie bringt die Boote zum Strand und setzt sie aufs Wasser. Es ist kaum Seegang. Die Boote dümpeln vor sich hin. Berta beginnt sich zu langweilen. Plötzlich kommt ein großer Fisch und verschluckt ihre Boote – auch ihr Piratenboot. Die Autorin bietet nun drei Schlüsse für ihre Geschichte an, jeder durch einen farbigen Hintergrund eingeführt: gelb, rot oder blau. Die Geschichte bietet folgende Möglichkeiten:

1. Berta geht nach Hause. Sie ist traurig und hat das Gefühl, dass der ganze Tag sinnlos ist. Sie kramt im leeren Kühlschrank, isst Dosenfisch. Dann hockt sie sich vor den Computer und schläft nach über 20 Computerspielen ermattet ein.

2. Berta rafft sich auf und beschließt, den Fisch zu fangen. Es gelingt ihr. Der Fisch spuckt alles aus – alles, außer ihrem Piratenboot. Einen Moment ist Berta enttäuscht. Doch dann macht es ihr nichts mehr aus. Sie entdeckt zwischen all den Dingen, die der Fisch ausgeworfen hat, einen Korkenzieher und nimmt ihn mit nach Hause.

3. Nachdem Berta dem Fisch und auch ihrem Piratenboot lange sprachlos nachgeschaut hat, geht sie nach Hause und zeichnet das Geschehene auf. Sie zeichnet jedes Boot, den Bauch des Fisches und all die Bohrinseln vor der Küste. Dann rollt sie die Papiere zusammen, steckt sie in eine Flasche und verschließt diese mit einem Korken. Sie geht zurück zum Strand und wirft die Flasche ins Meer.

Auf der letzten Seite können wir sehen, was aus der Flasche geworden sein könnte. Die Flaschenpost ist nun Teil eines Hubschraubers.

Bertas Geschichte macht deutlich, wie prozesshaft und vielfältig ästhetische Bildung verläuft. Befindet sich ein Kind erst einmal in einem intensiven kreativen Prozess, geht es nicht mehr um das Ergebnis, sondern um den jeweiligen Moment, in dem Gefühls- wie Vorstellungswelt gleichermaßen beteiligt sind. Es geht nicht um ein bestimmtes Bild oder Objekt, sondern auch um das, was das Bild oder Objekt bei dem Kind an Gefühlen und Vorstellungen auslöst. Denn diese sind es, die das Kind motivieren weiterzumalen, weiterzubauen und weiterzudenken. Und dabei verändert sich die Sicht auf die Dinge und auf die Welt, wie Bertas Geschichte deutlich macht. Vor diesem Hintergrund wird deutlich, dass unter dem Bildungsbereich Kunst und Ästhetik nicht ausschließlich Ergebnisse oder Produkte ästhetischer Handlungen zu verstehen sind, nicht ausschließlich die Boote, die Berta gebaut hat, nicht ausschließlich ihre Zeichnungen, sondern vielmehr der Transformationsprozess der Erfah-

rungen, die Berta durch ihre Handlungen selbst vollzieht und die sich im Prozess verdichten.

Wenn wir Kinder in ihren ästhetischen Bildungsprozessen begleiten, sind die ästhetischen Erfahrungen nicht nur als Verarbeitung und Reflexion stattgefundener Erlebnisse zu verstehen, sondern auch als eine Art Probeerleben ersehnter und erträumter Erfahrung. Wenn ein Kind sich ästhetisch ausdrückt, sei es über das Bild, sei es durch die Bewegung oder über seine Stimme und deren Klang, sind diese Prozesse immer auch als Orientierung in die Zukunft zu verstehen. Sie erzählen uns von der Lust der Kinder auf das Noch-nicht-Erfahrene.

Es ist klar, dass derartige ästhetische Bildungsprozesse Spuren hinterlassen, die vermittelt werden wollen. In diesem Sinne ist auch Bertas Flaschenpost zu verstehen. Erstens ist die Flaschenpost als Materialisierung ihrer Erfahrung zu deuten, und zweitens ist sie auch als Mitteilung und Aufforderung an einen noch unbekannten anderen zu verstehen, die Geschichte weiterzuerzählen. Als unbekannte andere fühlen sich sicherlich viele Kinder angesprochen, aber warum nicht auch wir Erwachsenen? ◄

Bilderbücher:
Nikolaus Heidelbach: **Albrecht Fafner allein zu Haus.**
Beltz & Gelberg, Weinheim/Basel 1992
Wiebke Oeser: **Bertas Boote.**
Peter Hammer Verlag. Wuppertal 1997
(vergriffen, aber im Internetbuchhandel antiquarisch erhältlich)
Isabel Pin: **Als alle früher nach Hause kamen.**
Peter Hammer Verlag. Wuppertal 2006

Ästhetische Bildungspraxis als pädagogische Herausforderung

Wahrnehmend beobachten und Bildungsräume eröffnen

Text: Kirsten Winderlich
Fotos: Nick Ash und Andreas Mayer-Winderlich

Kinder setzen sich mithilfe ihrer sinnlichen Wahrnehmung aktiv mit der Welt auseinander und werden dabei gestaltend tätig. Die entsprechenden ästhetischen und künstlerischen Bildungsprozesse sind in diesem Zusammenhang jedoch nicht ausschließlich an visuelle, sondern an vielschichtige Wahrnehmungs- und Handlungsprozesse gebunden, die körperlich-sinnlich, aber auch szenisch-situativ bestimmt sein können. Nehmen wir Kinder in ihrem Bemühen ernst, sich mithilfe der eigenen Wahrnehmung und des damit verbundenen Denkens selbsttätig die Welt anzueignen, kann im Kontext des Bildungsbereiches Kunst und Ästhetik nicht die primäre Frage sein, wie bestimmte Techniken des Zeichnens, Malens und plastischen Gestaltens vermittelt werden. Es sollte eher gefragt werden, wie Kinder bei ihren eigenen ästhetischen und künstlerischen Erfahrungsprozessen unterstützt und begleitet werden und wie ihre eigenen Zugänge zur Welt erweitert werden können. Bei der Initiierung ästhetischer und künstlerischer Bildungsprozesse von Kindern geht es also in erster Linie um die Wahrnehmung und Inszenierung der Selbstbildungsprozesse, durch die Kinder sich mit der Welt auseinandersetzen und die sie durch ihr Spiel, durch ihre Bilder und Objekte, durch ihren lustvollen und experimentellen Umgang mit ihrer Stimme, mit Geräuschen und Klängen immer wieder zur Aufführung bringen. Wie das gelingen kann, ist das Thema des folgenden Beitrags.

Ästhetische Bildung setzt Offenheit für Unerwartetes voraus

Ästhetische Bildung basiert auf ästhetischen Erfahrungen, die analysierendes Wahrnehmen und Denken mit der Verarbeitung von bereits Erfahrenem verbinden. Dabei stehen ästhetische Wahrnehmung und kognitiv-rationales Denken in Wechselbeziehung zueinander. Um zu einer ästhetischen Erfahrung zu gelangen, muss das Kind zuallererst einen Moment der äußeren Wirklichkeit, eine Handlung, eine Person, einen Gegenstand als unerwartet, überraschend oder widerständig erleben. Ludwig Duncker spricht in diesem Zusammenhang von der „strukturellen Negativität von Erfahrung" (Duncker 1999). Damit ist gemeint, dass das Kind

etwas anderes als bisher erfährt. Ästhetische Erfahrung beginnt demnach mit der Irritation der bisherigen eigenen Erfahrungsgeschichte, die auch als Staunen oder als Überraschung beschrieben werden kann. Diese Gefühle sind häufig mit der Erwartung verknüpft, etwas Interessantes und Spannendes zu erleben. Entsprechend können ästhetische Erfahrungen sowohl mit Freude und Genuss als auch mit einer Verunsicherung verbunden sein. Zudem zeichnen sich ästhetische Erfahrungen nach John Dewey durch das subjektive Erleben von Vollständigkeit aus (Dewey 1934). Ein Kind lehnt sich nach dem Malen eines Bildes zufrieden zurück. Ein anderes möchte einer vertrauten Bezugsperson seine gerade fertiggestellte Hütte zeigen. Wieder ein anderes Kind wiederholt eine neu entdeckte Melodie immer wieder auf gleiche lustvolle Weise.

Ästhetische Erfahrung entwickelt sich aus der sinnlich wahrgenommenen äußeren Wirklichkeit. Bei der Verarbeitung dieser spielt die Fantasietätigkeit eine besondere Rolle. Die Eindrücke werden mit bereits vorhandenen Bildern in Beziehung gesetzt und dabei zu immer wieder neuen Bildern transformiert. Neben der Fantasie lassen sich weitere Verarbeitungsmöglichkeiten erschließen. Kinder erweitern ihre ästhetischen Wahrnehmungen

- durch das Spiel,
- durch das Bauen und Konstruieren,
- durch die Musik,
- durch die Bewegung und
- durch den szenischen Ausdruck.

In all diesen Prozessen konstruieren die Kinder eine Vorstellung von Wirklichkeit. Das Neue, Überraschende, manchmal auch Verunsichernde oder Irritierende wird dabei in den Kontext der bisherigen Erfahrung eingebunden. Die Vorstellungen der Kinder erweisen sich also nicht als direkte Abbildung der Wirklichkeit, sondern als Verarbeitungen des Wahrgenommenen.

Im Hinblick auf die Struktur und den Verlauf ästhetischer Erfahrung ist die Frage, wie diese in Kindertagesstätten unterstützt werden können. Es muss eine Offenheit für Neues, Unerwartetes und Mehrdeutiges vorhanden sein. Diese notwendige Offenheit und

Sensibilität können Erzieherinnen und Erzieher unterstützen, indem sie den Kindern vielfältiges Material zum Erkunden und Gestalten bereitstellen und ihnen Gelegenheiten verschaffen, auf ganz eigene Weise damit umzugehen. Zudem ist von besonderer Bedeutung, dass Erzieher/innen und Pädagog/innen erkennen, wann Kinder eine ästhetische Erfahrung machen. Sie müssen in der Lage sein wahrzunehmen, wann die Kinder eine für sie persönlich bedeutsame Entdeckung machen, in welchen Momenten (ihnen) etwas für sie Unerwartetes geschieht.

Das Schmieren – ein Bild aus Joghurt.

Beobachten – Das Spiel der Kinder wie ein Bild betrachten

Um Kindern angemessene ästhetische Bildungsräume zu eröffnen, ist es wichtig, in einem ersten Schritt die Selbstbildungsprozesse der Kinder wahrzunehmen und zu beobachten. Dabei ist sowohl die gerichtete als auch die ungerichtete Beobachtung (Schäfer 2004) wichtig. Beobachtet kann vieles werden:

- Welche Klänge, welche Materialien mag das Kind?
- Welche Bilderbücher interessieren ein Kind?
- Arbeitet es gern mit den Händen?
- Wie geht es mit Lichtveränderungen und Lautstärke um?
- Welche Arbeitsweisen regen Kinder an? Das Malen mit Stiften, Kreiden oder Aquarellfarben oder die Arbeit mit Werkzeugen wie mit Schere, Hammer, Säge, Messer, Meißel, Bohrer?
- Fühlt sich das Kind wohler beim raumgreifenden Malen auf dem Boden oder beim Malen an der Staffelei?
- Was erzählt es während seiner Gestaltungsprozesse? Regen diese das Kind an, über sich selbst zu sprechen, nachzudenken oder Fragen zu stellen?
- Welche Rolle spielen andere Kinder in diesen Prozessen?
- Arbeitet ein Kind bevorzugt allein oder in der Gruppe?

Neben der gerichteten ist die ungerichtete Beobachtung von erheblicher Bedeutung. Hier geht es darum, die eigene Wahrnehmung „schweifen" zu lassen und sie auf all das zu richten, was die Aufmerksamkeit erregt. Die ungerichtete Beobachtung kann uns helfen, ästhetische Bildungssituationen einzufangen und zu verstehen, die für uns vielleicht erst einmal außerhalb der ästhetischen Bildungspraxis des Zeichnens, Malens und Gestaltens liegen.

Sich überraschen lassen

Während einer ungerichteten Beobachtungsphase fallen dem Erwachsenen vielleicht Situationen auf, die unerwartet und überraschend erscheinen. Zum Beispiel sind wir bestimmt immer wieder aufs Neue überrascht, mit welcher Lust und Intensität ein ungefähr zehn Monate altes Kind während einer Essensituation den Joghurt auf einer Tischplatte verschmiert. Das Schmieren ist hierbei sowohl als Erkundung des Essens zu verstehen als auch als Vorstufe des Kritzelns.

Ein anderes Mal wird unsere Aufmerksamkeit während der ungerichteten Beobachtung auf eine Baustelle von vier- bis fünfjährigen Kindern gelenkt, die in nur wenigen Minuten aus den Überresten eines Sperrmüllhaufens, wie Brettern, Steinen, einem alten Besen etc. entstanden ist. Überraschend ist hierbei insbesondere, in welch rasanter Geschwindigkeit der Gestaltungsdrang der Kinder Raum greifen kann.

In einer weiteren Situation im Garten stoßen wir unerwarteter Weise auf ein Spiel, in dem aus vordergründig wirkenden Matschereien ganze Szenen entstehen. Wir werden möglicherweise zum Betrachter der Installation eines gedeckten Tisches, die durch eine Vielfalt von Speisen aus vermatschten

Pflanzen, Blätter, Gras und Erde besticht und zum Verweilen einlädt. In der gerichteten Beobachtung würde diese Situation vielleicht reduziert beschrieben werden: als fantasievolles Spiel mit Naturmaterialien.

An anderer Stelle versetzt uns dann wieder eine Sammlung in Staunen, die während der gerichteten Beobachtung wie eine beiläufige Ansammlung von Papierstücken und -resten wirken würde. Aber die Papierstücke, Bierdeckel, Fotokopien sind nicht einfach so auf der Tafel abgestellt worden. Sie haben eine ganz eigene und in diesem Sinne nicht wiederholbare Ordnung, die für das Kind eine besondere Bedeutung haben muss.

Beispiele wie die des Schmierens mit Lebensmitteln, die des „wilden" Bauens mit zweckentfremdeten Gegenständen und Materialien, die des Matschens und die des Sammelns nach eigenen Ordnungskriterien machen noch einmal deutlich, dass sich die Kinder in ihrem Drang, die Welt zu erkunden und zu gestalten, nicht zwingend an die ihnen von uns Erwachsenen zugedachten Bildungsangebote des Malens, Zeichnens und plastischen Gestaltens halten – zum Glück!

Vielmehr eröffnen sich Kinder durch ihre ästhetischen Praktiken innerhalb ihrer Selbstbildungsprozesse eigene ästhetische Erfahrungen. Es gilt dabei nicht nur, die von den Kindern selbst initiier-

Pflanzenmatscherei – wir kochen:
Albrecht Fafner (s. S. 10) könnte hier zu Besuch gewesen sein?

ten Praktiken nicht zu verhindern, sondern ihnen auch Impulse zur Erweiterung und Verdichtung dieser ästhetischen Erfahrungen zu geben.

Kindern Raum geben

Kindern Raum zu geben ist möglich, indem wir ihnen über die Gestaltung der Innen- und Außenräume erst einmal einen ganz konkreten Raum geben für ihre eigenen ästhetischen Praktiken, für ihre eigenen Bilder, ihr „wildes" Bauen, ihre Sammlungen. Mit Raum ist dabei sicherlich nicht nur das mittlerweile in allen Bildungsplänen und -programmen geforderte Atelier, die Werkbank, die Sandkiste und der Wasserspielplatz im Garten gemeint. Vielmehr handelt es sich bei dem für die Kinder so notwendigen Raum für ihre eigensinnigen Bildungsprozesse um einen flexiblen und eher unfertigen Raum, den sich Kinder aneignen und im Sinne ihrer eigenen ästhetischen Bildungsprozesse verwandeln können, in ein Atelier, in ein Theater, in eine Werkstatt, in ein Klangkabinett, in eine Galerie.

Um einen angemessenen Raum für Selbstbildungsprozesse bereitzustellen, müssen die pädagogischen Fachkräfte zunächst beobachten:

● Wie gehen die Kinder mit dem Raum um?
● Wo halten sie sich bevorzugt auf?
● Haben sie eigene Orte?
● Bietet der vorhandene Raum ihnen Bewegungsspielräume?
● Bietet er Rückzugsgelegenheiten, die auch ein „dreckiges" Gestalten oder „wildes" Bauen ermöglichen?
● Haben die Waschräume Platz zum Spiel mit Wasser?
● Auf welche Weise werden die Materialien aufbewahrt? Sind sie für die Kinder zugänglich?
● Welche Möglichkeiten bietet der Raum für Aufführungen, Feste und Ausstellungen?

Lohnenswert wäre es für jeden Prozess der Raumgestaltung oder -umgestaltung, mit einer Aktion des Ausräumens zu beginnen, die Räume ganz zu leeren. Um die Kinder in ästhetischen Aneignungsprozessen für den Raum zu sensibilisieren, kann man diesen gemeinsam Stück für Stück einrichten oder ihn atmosphärisch verwandeln. Wie das mit dem Material Farbe gelingen kann, zeigt Ute Heuer auf beeindruckende Weise (s. S. 80).

Kindern für ihre ästhetischen Bildungsprozesse Raum zu geben, heißt, Räume verwandelbar zu erhalten. Die Materialien, z. B. Bodenbeläge und Möbel, müssen strapazierfähig sein. Man braucht nicht nur Möbel, die verrückbar sind, sondern auch Vorrichtungen an den Wänden, die es ohne großen Aufwand ermöglichen, diese immer wieder neu zu gestalten.

Darüber hinaus sollten die Räume den Kindern im wahrsten Sinne Platz bieten, Gelegenheit, sich auszubreiten. Aber auch genügend eigene Orte im Sinne von ganz konkreten Regalen und Fächern, in denen die Kinder ihre eigenen Sachen aufbewahren und Sammlungen anlegen können. Und wer weiß, vielleicht werden diese Orte für die Sammlungen der Kinder ja auch zu einem tragenden Element der Kindertagesstätten-Architektur!

Im Dialog mit den Kindern

Wollen wir Kindern ästhetische Erfahrungen und entsprechende Bildungsprozesse ermöglichen, darf der Raum als „dritter Pädagoge", als Möglichkeit, informelle Bildungsgelegenheiten zu schaffen, nicht außer Acht gelassen werden. Es ist jedoch auch unverzichtbar, dass wir auf die Kinder direkt eingehen

und ihnen anknüpfend an ihre individuellen und eigensinnigen ästhetischen Praktiken und Bedürfnisse Impulse geben. Zur Veranschaulichung, was ein derartiger Dialog zwischen Kind, ästhetischer Praxis und Erzieherin für die ästhetische Bildungspraxis bedeutet, tragen die nachfolgenden Beispiele bei.

Kritzeln

Sobald Kinder die Bewegung im Raum entdeckt haben, einen Stift in der Hand halten können, erleben wir es immer wieder: Fußböden, Stühle, Schranktüren werden übersät mit Kritzeln, Linien und Knäueln. Das kann so weit gehen, dass die Kleinen sogar beim noch mühsamen Treppenstufenerklimmen und Hochkrabbeln den eigens für sie bereitgestellten Wachsmalblock oder den neu entdeckten Kugelschreiber mit sich führen und auf ihrem fast waghalsig anmutenden Aufstieg auf jeder Stufe Spuren hinterlassen.

Eine Möglichkeit, die Entdeckung der neuen ästhetischen Praxis aufzugreifen und mit dem Kind über diese in einen Dialog zu treten, wäre, die Treppe mit Papier auszulegen. Der Impuls verbindet dabei das ästhetische Interesse am Kritzeln mit der Bewegung des Treppenhochkrabbelns, setzt also auf der Ebene des Raumes und der Bewegung an, um die ästhetischen Erfahrungen des Kritzelns zu erweitern.

Nachahmen ist nicht Nachmachen

Die ästhetischen Praktiken beziehen sich nicht nur auf das Spiel kleiner Kinder.
Wie wir wissen, werden die Zeichnungen von Kindern mit zunehmendem Alter konkreter. Das Interesse an realistischen Abbildungen wächst mit etwa vier Jahren zunehmend. Häufig suchen Kinder in dieser Zeit Vorbilder oder äußern den Wunsch, dass man ihnen etwas vorzeichnet. Bedauernswert ist, wenn die Kinder dann zurückgewiesen werden, vielleicht sogar mit der Rückmeldung, ihre eigenen Bilder seien doch schön genug oder abmalen sei nicht gut. Eine pädagogische Herausforderung ist vielmehr, den Kindern in dieser Phase genügend Anregung zur Nachahmung zu liefern. Eine Möglichkeit ist es sicherlich, für die Kinder Kunstkataloge unterschiedlicher Epochen zur Verfügung zu stellen

Kritzeln beim Klettern – Raumaneignung.

Ein älteres Kind malt auf Wunsch des jüngeren ein Schiff,
das jüngere malt es nach dem Vorbild auf eigene Weise neu: In der Gruppe entstehen ganz eigene ästhetische Bildungsprozesse.

oder natürlich mit ihnen direkt das Museum aufzusuchen (s. S. 24). Darüber hinaus bietet es sich an, die kleinen Kinder zusammen mit großen (vielleicht der benachbarten Grundschule) zeichnen zu lassen. Neben den vielfältigen Anregungen, die die „Großen" den jüngeren Kindern geben können, fühlen sich die Älteren in den meisten Fällen in ihrer Arbeit und Modellfunktion sehr wertgeschätzt und beginnen, auch sprachlich über ihre Arbeit zu reflektieren. Eine derartige Kooperation verhilft also nicht nur den Kindergarten- sondern auch den Grundschulkindern dazu, ihre ästhetischen Erfahrungen zu verdichten.

Bildern eine Stimme geben

Nicht erst Schulkinder haben das Bedürfnis, über ihre Bilder zu sprechen. Auch jüngere Kinder zeigen mitunter ein großes Interesse daran, ihre Zeichnungen und Malereien intensiv zu betrachten und über diese zu sprechen. Einmal habe ich beobachtet, wie ein fünfjähriges Mädchen ihr Selbstbildnis, das es mit Kreide und Kohle gezeichnet, gemalt und gewischt hatte, nach Fertigstellung ungewöhnlich lange betrachtet hat.

Die Erzieherin hat das Bedürfnis des Mädchens, sich auch sprachlich-reflexiv mit seinem eigenen Bild auseinanderzusetzen, wahrgenommen und

ihm angeboten, über sein Bild zu sprechen und zu erzählen. Für mich war sehr bewegend, wie tief das eigene Bild das Mädchen emotional berührt hat. Vor dem eigenen Bild hat es begonnen, die Geschichte vom „komischen Menschen" zu erzählen und schilderte damit seine eigenen Gefühle:

„Einmal hatte ich ein Bild gemalt. Aber als ich es vor mir liegen hatte, wurden meine Backen orange und meine Arme wurden bunt und meine Lippen wurden braun und mein Bauch wurde auf einmal auch bunt. Und meine Schuhe wurden gelb und mein Herz wurde ein großer Kreisel."

Die Möglichkeit, das eigene Bild, das Selbstbild, zu betrachten, ermöglichte es dem Mädchen, über die Beschreibung seine ästhetischen durch synästhetische Erfahrungen, durch das Verknüpfen von visueller Erfahrung und Sprache, zu erweitern. Es konnte ein Bild für die Gefühle finden, die zum Selbstbildnis geführt hatten. Vielleicht öffnete auch erst das Bild von sich selbst einen Zugang zu diesen Gefühlen und verlieh dem Kind die Möglichkeit, diese zum Ausdruck zu bringen.

Ein Meer von Bildern

Ein anderes Beispiel für die Verbindung von bildnerisch-ästhetischen Erfahrungen und Sprache zeigen die Farbstudien eines dreijährigen Mädchens. Auffällig war, dass das Mädchen über einen längeren Zeitraum, über ein halbes Jahr, Bilder mit kräftigen Farbflächen produziert hat. Das Mädchen hat ein offensichtliches Interesse am Material Farbe. Bemerkenswert ist dabei, dass es das gesamte Papier mit

Der Bilderteppich erzählt eine Geschichte.

den Farbflächen ausfüllte und die Farbspiele mit großer Ausdauer komponierte. Um mit dem Mädchen in einen Dialog über seine Bilder zu treten und ihm die Möglichkeit zu geben, seine ästhetischen Erfahrungen zu erweitern, wurden die einzelnen Bilder des Mädchens zu einem großen wandteppichartigen Bild zusammengefügt. Man kann sich sehr gut vorstellen, wie stolz das Mädchen auf seine ganz eigene Ausstellung reagierte. Der Bilderteppich bewirkte bei dem Mädchen zusätzlich, dass es zum Erzählen angeregt wurde. Immer wieder auf die einzelnen Bildbausteine des Wandteppichs zeigend, erzählte es zum Erstaunen der Erwachsenen von Jahreszeiten. „Hier war Winter. Das Wasser war zugefroren. Hier ist es wieder Sommer geworden. Und dann wurde es wieder Winter. Hier ist wieder Sommer. Und die Sonne ist da. Hier wird es wieder kalt." Die ganz eigene Beschreibung der Malereien mit Bildern von Jahreszeiten gibt nicht nur einen Hinweis auf das Assoziationspotenzial der abstrakten Farbbilder, sondern erzählt auch etwas über den zeitlichen Entstehungsprozess, über die lange Zeit, die sich das Mädchen den eigenen Farbstudien gewidmet hat. Sommer, Winter und Sommer, Winter, Sommer...

Maltechniken (er-)finden

Die vorangegangenen Beispiele zeigen alle, wie sich aus einer differenzierten Wahrnehmung und Beobachtung der ästhetischen Praktiken, Interessen und Bedürfnisse von Kindern individuelle Impulse für die ästhetische und künstlerische Praxis entwickeln. Wahrscheinlich fragen einige an dieser Stelle: Warum soll ich den Kindern im Bildungsbereich

Kunst und Ästhetik keine Techniken des bildnerischen Arbeitens vermitteln? Was ist mit dem Drucken, den Collagen, dem Aquarellbild? All diese Techniken könnten doch ihr Repertoire, sich bildnerisch auszudrücken, erheblich erweitern?

Der Ansatz des vorliegenden Journals für Kunst und Ästhetik in der frühen Kindheit geht davon aus, dass Kinder über eine vielfältige eigene Bildungspraxis verfügen, die sie intensiv gewissermaßen „am eigenen Leib" erfahren haben. Davon ausgehend, dass sich Bildung insbesondere in der frühen Kindheit anhand von Erfahrungen aus „erster Hand" vollzieht, wird der Fokus der bildnerischen Techniken auf das Selbst-Entdecken gerichtet.

Kinder, die eine besondere Lust am Zeichnen und Malen zeigen, sollten selbstverständlich darin unterstützt werden, spezifische und möglichst vielfältige bildnerische Techniken kennenzulernen. Ich möchte an dieser Stelle jedoch dazu anregen, Kindern Wege aufzuzeigen, diese Techniken selbst zu entdecken und zu entwickeln.

Das kann geschehen, indem die den Kindern gewohnten Zeichen- und Malerfahrungen „befremdet" werden, z. B. durch ein ungewohntes Format, durch eine ungewohnte Perspektive, aus der heraus sie malen oder gestalten, oder durch ein „neues" Mal- oder Zeicheninstrument. Kindern, die mit Vorliebe mit Kreide auf dem Straßenpflaster zeichnen, könnte das Angebot auf einer vertikalen Hauswand gemacht werden, mit einer durch einen Stock verlängerten Kreide auf dieser zu zeichnen. Die Hand-

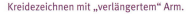

Kreidezeichnen mit „verlängertem" Arm.

lung des Kreidezeichnens erfordert auf diese Weise durch den verlängerten Arm, ebenso wie der Bildträger in seinen raumgreifenden Dimensionen, eine neue und andere Aufmerksamkeit für die Zeichenhandlung und das eigene Bild.

Stereotypen durchbrechen

Die konkrete Erweiterung der eigenen ästhetischen und künstlerischen Arbeitsweisen erfordert das Aufgreifen und Verwandeln von Stereotypen. Kinder setzen sich in ihren Bildern häufig mit immer wieder denselben Gegenständen und Inhalten auseinander. Das ist wichtig, um Erfahrungen zu verarbeiten. Fällt jedoch auf, dass die Kinder dieses immer wieder auf dieselbe Weise tun, sollten sie angeregt werden, ihr Thema auf andere Weise bildnerisch auszudrücken. Auch hierfür kann eine ganz einfache Modifizierung des Werkzeuges, etwa des Pinsels oder des Stiftes, große Wirkung zeigen.

Ein Beispiel: In den freien Bildern vieler Kinder, insbesondere von Mädchen, waren immer wieder Pflanzen- und Blumenbilder zu entdecken, fast wie ein Stereotyp, das aus dem Kindergarten und der Grundschule mitgeschleppt wird. Durch das Angebot eines neuen Malinstrumentes, das von den Kindern individuell, experimentell und spielerisch genutzt werden konnte, konnten hier ästhetische Bildungsprozesse initiiert werden. Mit Wasser gefüllte Sprühflaschen, die zum experimentellen Malen zur Verfügung gestellt wurden, reizten zu neuen, veränderten Darstellungen an. Die Bilder, die entstanden, hießen nicht mehr Blumenbilder, sondern „Pflanzen gießen" oder „Warten auf Regen".

Mitspielen

Neben Impulsen durch Material, Raum und Werkzeug liegen im parallelen Tun der Pädagogen oder im gemeinsamen Spiel und Gestalten weitere Möglichkeiten, ästhetische und künstlerische Bildungsprozesse anzuregen und zu begleiten. So grundlegend die Wahrnehmung und die Beobachtung der Kinder in ihrem Spiel und ihren ästhetischen Erfahrungsprozessen sind, so wichtig es für Kinder ist, sich für sich und mit der Welt in ihrem ganz eigenen Rhythmus auseinanderzusetzen, so unerlässlich ist es, dass sich Erzieherinnen und Erzieher in den Bildungsprozessen der Kinder als Partner anbieten und „mitspielen". Im gemeinsamen Tun erfahren die Kinder nicht nur eine Wertschätzung ihrer Entdeckungen und Bilder im weitesten Sinne, sondern sie werden je nach Geschick der Pädagogen angeregt, ihre ästhetischen Erfahrungen zu reflektieren und zu erweitern. Als „Mitspieler" können die Pädagogen zwischen dem Part des Vormachens und Nachahmens wechseln und den Kindern damit Anregungen auf der Ebene der Mimesis geben.

Beim Häuserbau aus Naturmaterialien z. B. gibt die parallele Bauaktion des Erwachsenen den Kindern vielfältige Anregungen, Material zu schichten und zu verbinden. Das Erzählen der Geschichte während des plastischen Gestaltens mit Ton im Beitrag von Sabine Olearius führt die Kinder nicht nur zu einem fantasiegeleiteten Umgang mit dem Erdmaterial, sondern auch zum eigenen Erzählen (s. S. 58). Gerade dieses Beispiel zeigt, dass das „Mitspielen" die Kinder nicht selten anregt, ihre ästhetischen Erfahrungen in eine nicht vom Erwachsenen von vornherein anvisierte Richtung zu erweitern, wie hier beim plastischen Gestalten mit Ton in Richtung Sprache und Erzählen.

Eine nicht unerhebliche Rolle spielt das parallele Tun der Erwachsenen im Kontext ästhetischer Bildungsprozesse in Momenten, in denen es sich Kinder nicht zutrauen, tätig zu werden. In Claudia Mocks Projekt, in dem Bohnen als Sinnesmaterial für die Produktion von Bildern zur Verfügung

„Pflanzen gießen" statt immer gleicher Blumenbilder.

Gefragt sind Räume und Materialien, die Offenheit und Gestaltungsfreiheit lassen.

stehen, ist sie es als Erwachsene, die als Erste in die Säckchen greift, die Bohnen an ihren Händen herabgleiten und auf den Boden prasseln lässt (s. S. 36). Sie bietet den Kindern damit nicht nur ein Vorbild, wie mit dem Material umzugehen ist, sondern macht ihnen durch ihr Tun im wahrsten Sinne Mut, zuzugreifen, nimmt ihnen also die Scheu vor dem Unerwarteten, das ästhetische Bildungsprozesse auszeichnet. Und darum geht es, wie die folgenden Projekte immer wieder zeigen, auch: den Kindern Mut zu machen, sich auf das Unerwartete und Überraschende, was ihnen in ihren schöpferischen Prozessen immer wieder begegnet, einzulassen.

Ästhetische Erfahrungsräume schaffen

Nach der Gestaltung des Raumes im Hinblick auf sein Bildungspotenzial zum einen und im Hinblick auf die Selbstbildungsprozesse der Kinder zum anderen sind es die Erzieherinnen durch ihr Handeln selbst, die die Kinder immer wieder aufs Neue ermutigen, ihr Spielen, Bauen, Bildermachen, das Experimentieren mit Klang, Stimme und Bewegung zu erweitern, entsprechend den eigenen ästhetischen und künstlerischen Arbeitsweisen auszudifferenzieren und dabei zunehmend einen eigenen Ausdruck zu entwickeln. Wie die vorangegangenen Beispiele zeigen, gelingt den Erzieherinnen und Erziehern dieses durch eine wertschätzende Haltung und Impulse, die an die eigenen ästhetischen Praktiken der Kinder anknüpfen.

Neben diesen individualisierenden Impulsen, die die Erzieherinnen vor dem Hintergrund ihrer eigenen Beobachtung für die einzelnen Kinder entwickeln,

sind die pädagogischen Fachkräfte im Kontext des Bildungsbereiches Kunst und Ästhetik herausgefordert, ästhetische Erfahrungsräume für die ganze Gruppe zu gestalten.

Die Gestaltung ästhetischer Erfahrungsräume beruht wie bei der Entwicklung individualisierender Impulse auf dem Antizipieren der aktuell gegebenen ästhetischen und kulturellen Praktiken der Kinder, wenngleich die Erzieherinnen bei der Gestaltung ästhetischer Erfahrungsräume ihren Wahrnehmungsfokus eher auf die Gruppe als auf das einzelne Kind richten. Ein ästhetischer Erfahrungsraum wird durch bewusst getroffene Entscheidungen auf den Ebenen Material, Raum und Handlung gestaltet und regt dabei möglichst alle Kinder der jeweiligen Gruppe und Bildungsgemeinschaft an, innezuhalten, sich intensiv mit ihren jeweiligen individuellen Mitteln, mit einer Sache oder den anderen auseinanderzusetzen und den dabei ausgelösten Vorstellungen und inneren Bildern Gestalt zu geben.

Das Bett im Park, in dem die Kinder beim Bilderbuchbetrachten sitzen (s. S. 52), ist z. B. als ein Impuls auf der Ebene Raum zu verstehen. Als Ort der Geborgenheit unterstützt das Bett die Kinder, in Ruhe und aufmerksam der Geschichte zu folgen. Das Bett, das außerdem ein Schlüsselobjekt der Bilderbuchgeschichte ist, hilft den Kindern, sich über körperlich-sinnliche und szenisch-situative Wahrnehmung in die Geschichte einzufühlen. Die Themen Reisen und Abenteuer wecken meist ein tiefes Interesse und fordern spezifisches Spiel heraus, eine Reihe von Projekten in vorliegendem Journal greift sie auf. In dem Projekt zur Vermittlung des Weltkulturerbes Sanssouci stellt die Expedition auf der Ebene der Handlung einen wichtigen impulsgebenden Rahmen dar. Der leere Raum im Beitrag von Ute Heuer ist als Impuls zu verstehen, den ästhetischen Erfahrungsraum Farbe zu betreten. Dabei verknüpft der Impuls die Malerei mit der ästhetischen Praxis der Bewegung. Die Kindern eigene Lust am Experimentieren mit Klängen und Musik wird in dem Vorschlag von Stefan Roszak nicht „irgendwie", sondern ganz bewusst in einer raumgreifenden Installation umgesetzt, die zusätzlich auch noch einen Namen erhält, nämlich den des Klangkabinetts.

Erzieher als Künstler und Forscher

Die Ausführungen über die Initiierung und Begleitung ästhetischer und künstlerischer Bildungsprozesse von Kindern zeigen, dass die Erzieherinnen und Erzieher in ihrer pädagogischen Arbeit auf besondere Weise gefordert sind. Sie müssen in der Lage sein, auf die spezifischen ästhetischen Praktiken des Bildermachens, Bauens, Musikerfindens und Tanzens einzugehen und adäquate Impulse bereitstellen, die es den Kindern ermöglichen, sich selbsttätig ästhetisch und künstlerisch „weiterzubilden". Wie soll das gehen? Würden die Erzieherinnen für diese Arbeit nicht eine eigene künstlerische Ausbildung benötigen? Auf alle Fälle sollten Erzieherinnen und Erzieher eine Vielfalt an Gelegenheiten haben, sich selbst ästhetisch und künstlerisch zu bilden: Denn wie soll man Kindern ermöglichen, was man selbst vielleicht nicht erlebt hat? Wie soll man die Bilder der Kinder wertschätzen, wenn die eigenen Bilder in der Kindheit immer als geringfügig abgestuft wurden? Wie soll man Kindern den Zugang zu den Künsten ermöglichen, wenn man selbst kaum Zeit findet, ein Museum zu besuchen?

Neben der Voraussetzung, sich selbst lustvoll in der ästhetischen und künstlerischen Praxis zu erproben, gehe ich davon aus, dass gerade die Beobachtung und Dokumentation ästhetischer Bildungsprozesse von Kindern, das Sprechen mit Kindern über ihre Bilder und Objekte, eine besonders geeignete „Schule" ist, um zu lernen, Kindern Impulse für ihre ästhetischen Bildungsprozesse zu geben. Um Kinder in ihren ästhetischen Bildungsprozessen zu unterstützen, ist die forschende Haltung der Erzieherinnen und Erzieher unverzichtbar. Dabei ist selbstverständlich zu berücksichtigen, dass es sich bei allen ästhetischen Erfahrungs- und Bildungsprozessen um sehr flüchtige und nur schwer greifbare Prozesse handelt. Die Momente, in denen sich ein Kind besonders engagiert und aufmerksam einer Sache widmet, die Momente, in denen es ganz und gar in sein Bild versunken erscheint, können sehr schnell vorüber sein, vielleicht sogar kaum wahrnehmbar für den Außenstehenden, was allerdings ihren Wert in keiner Weise mindert.

Zudem lässt sich nicht einfach über das sprechen, was während eines ästhetischen Bildungsprozesses passiert. Wir können weder Kinder noch Erwachsene fragen, wann und wie genau und konkret sie sich ästhetisch gebildet haben. Über diese komplexen Prozesse zwischen Wahrnehmung, Gestaltung und Ausdruck lässt sich nicht leicht sprechen. Es ist schwer zu verbalisieren, was während der Produktion eines Bildes passiert, wie das Bild entsteht, was dieser Entstehensprozess beim Produzenten auslöst und was beim Betrachter. Diese Schwierigkeiten haben Kinder wie Erwachsene, insbesondere jedoch Erwachsene, die pädagogisch mit Kindern arbeiten, zu lösen.

Dokumentationen per Fotografie und Film können helfen, ästhetische Bildungsprozesse von Kindern greifbar zu machen und zu kommunizieren. Die Fotografen in diesem Journal haben versucht, über das Einfangen der spezifischen Strukturelemente ästhetischer Erfahrung, wie Versunkenheit, Lust und Freude, die besonderen ästhetischen Bildungsprozesse der Kinder zu dokumentieren. Und vielleicht geben sie ja auch über die dargestellten Praxisprojekte hinaus Anregungen, sich im Kontext der pädagogischen Arbeit vertiefend in der künstlerisch-forschenden Praxis zu üben. ◄

Literatur: John Dewey: **Kunst als Erfahrung.**
(= Art as experience, 1934; übers. von Chr. Velten u. a.).
Suhrkamp, Frankfurt a./M. 1980
Ludwig Duncker: **Begriff und Struktur ästhetischer Erfahrung.**
In: Neuß, Norbert (Hrg.): Ästhetik der Kinder.
Frankfurt a./M. 1999, S. 9–19
Gert E. Schäfer: **Beobachten und Dokumentieren.**
In: Kita aktuell NRW, 2004, S. 148–152

Kinder im Museum?

Sich in der Kunstbetrachtung üben oder: Koffer öffnen Welten

Text: Kirsten Winderlich | Fotos: Nick Ash

Kinder an die Kunst heranzuführen bedeutet, ihnen die Auseinandersetzung
mit Originalen zu ermöglichen. Kinder mit Kunst in Berührung zu bringen heißt
zudem, sie an die Orte der Sammlung und Ausstellung zu führen, ins Museum
zu begleiten. Wie ein Museumsbesuch für Grundschulkinder gestaltet werden kann,
zeigen zahlreiche Praxisbeispiele, die von gezielten Führungen für Kinder über
didaktisches Begleitmaterial für Erzieherinnen und Lehrerinnen bis hin zu eigenen
Kinderakademien in den Museen selbst reicht. Wie aber kann das Kunstmuseum
auch zu einem spannenden Bildungsort für Kinder im Kindergartenalter oder
sogar für die Zwei- bis Dreijährigen werden? Wie kann Kunst bei den Kleinen, denen
man im Allgemeinen noch keine genügende Reife zubilligt, ästhetische Bildungsprozesse auslösen? Dieser Beitrag gibt Anregungen.

Altersgruppe
Kinder unter 3 Jahren

Räumliche Voraussetzungen
Kunstmuseum (möglichst
in Kooperation mit den Kunst-
vermittlern des Museums)

Materialien
- Koffer (gut geeignet sind
  z. B. große Pappkoffer)
- diverse Materialien und
  Objekte, die individuell
  je nach Kunstwerk von
  den Erzieherinnen
  zusammengestellt werden

Von der Lust auf Entdeckungen

Schulkinder sind in den „Kulturtech-
niken" des stillen Zuhörens und des
lesenden Verstehens geübt, kleinere
Kinder noch nicht. Für kleine Kinder
spielt in ihren Selbstbildungspro-
zessen das Entdecken eine besondere Rolle. Haben diese z. B. die selbst-
ständige Fortbewegung für sich entdeckt, erweitern sie ihren Aktionsra-
dius. Nach draußen zu gehen, Wege
entlangzulaufen und Spuren zu hinterlassen, ist dabei für sie genauso
anregend, wie in große weite Räume
zu treten. Ebenso bedeutsam ist für
Kinder die Entwicklung innerer Bilder
und die stetige Erweiterung der eigenen Vorstellungswelt. Setzt das Sprechen ein, wächst die Lust am eigenen
Erzählen.

*Selbst entdecken
kann ein Schlüssel zur Kunstvermittlung sein.*

Wenn wir uns die Bedeutung ent-
deckender Welterschließung für die
Entwicklung und Bildung kleiner Kinder vor Augen führen, sowie die Wichtigkeit von Bewegung, der inneren
Bilder und des Erzählens, bietet insbesondere das Kunstmuseum eine
Vielfalt an Anregungen – auch für die
kleinen Kinder. Haben wir beispielsweise die Gelegenheit, kleine Kinder
bei einem Museumsbesuch mit ihren
Eltern zu beobachten, ist für uns
Erwachsene immer wieder erstaunlich, welch großes Interesse sie an
Bildern zeigen. Bemerkenswert auch,
weil die Kinder durchaus selbst entscheiden, welches Werk betrachtet
wird. Denn nicht vor jedem Bild bleiben die Kleinen stehen, nicht jedes
Werk erfährt eine gleich intensive
Aufmerksamkeit.

Doch nicht nur die Kunstwerke und
Bilder direkt scheinen es zu sein, die
kleine Kinder im Museum ansprechen, sondern auch das Museum
selbst mit seinen zu entdeckenden
Räumen und Orten. Indem wir die
Kunst, den Raum und das Kind in Beziehung miteinander bringen, können
wir auch auf jüngere Kinder zuge-
schnittene Kunstvermittlungsprozes-
se in Gang setzen. Wir können es
selbst ganz kleinen Kindern ermöglichen, sich den Bildern aus der für ihr
Alter spezifischen Bewegungslust heraus zu nähern.

Das Forschungsprojekt „Kleine große Künstler"

Wie kann das in einem Museum gelingen, in einem Haus, das in erster
Linie für die Erwachsenen geplant
und gebaut wurde? Dieser Frage geht
aktuell das Kunstmuseum Stuttgart
nach. Gefördert von der Robert-
Bosch-Stiftung findet dort ein Forschungsprojekt statt, das den Titel
„Kleine große Künstler" trägt. In diesem Rahmen werden Erzieherinnen
und Museumspädagoginnen fortge-
bildet und in vielfältigen Zusammenhängen neue Vermittlungsformen für
Drei- bis Sechsjährige gesucht und
weiterentwickelt.

Ich habe im Rahmen des Forschungs-
projektes „Kleine große Künstler"
eine Fortbildung für die Kooperationspartner des Kunstmuseums
Stuttgart geleitet. Im folgenden Beitrag werde ich von meinen Erfahrungen berichten, sowohl mit Blick auf
diese Fortbildung mit Erzieherinnen
als auch unter Berücksichtigung der
Arbeit mit dem „Kreativitätskoffer"
an anderer Stelle.

*Der „Kreativitätskoffer" enthält eine
breite Auswahl an Objekten und
Materialien, die zum Spiel mit und in
Gegenwart der Kunst anregen.*

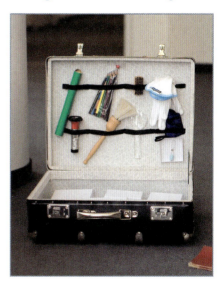

Das Forschungsprojekt „Kreativitätskoffer"

Mein Projekt „Kreativitätskoffer" gibt
einen wichtigen konzeptionellen Impuls für die Kunstvermittlung – auch
und besonders für die Unterdreijähri-
gen. Es wird ebenfalls von der Robert-Bosch-Stiftung gefördert. Sein
Ziel ist die Entwicklung von Formen
für das notwendige kreative, gemeinsame Spiel zwischen Kindern und ihren Eltern aus der Kunst heraus.

Im Mittelpunkt des Projektes „Kreativitätskoffer" steht ein Koffer, der mit
einem Sammelsurium von Materialien und Objekten angefüllt ist. Er soll

die kleinen Kinder zum Spiel anregen und gleichzeitig den beteiligten Eltern eine Vielfalt an Impulsen bieten, sich an das eigene Kindsein und die eigene Kindheit zu erinnern. Die Erinnerung und Auseinandersetzung mit der eigenen Kindheit wird dabei als eine wichtige Basis verstanden, um überhaupt mit dem kleinen Kind ins Spielen zu kommen und ihm ästhetische Bildungsräume zu eröffnen.

> *Der Kreativitätskoffer ist ein „Übergangsobjekt", ein Medium zwischen den Kindern und der Welt, in der erst einmal alles für sie neu ist, ein Medium zwischen den Kindern und ihren Eltern bzw. den Erwachsenen und ein Vermittlungsobjekt zwischen den Erwachsenen und ihrer eigenen Kindheitsgeschichte.*

Bei allen intendierten Bildungsprozessen ist der Dialog zwischen Kindern und Erwachsenen, das gemeinsame Spiel und die geteilte Erfahrung der Ausgangspunkt, von dem sich die Kinder Stück für Stück immer selbstständiger Dingen nähern können, die ihnen zunächst noch neu und fremd sind.

Den Koffer für das Museum packen

Ein Koffer kann nicht nur das Spiel und den Erfahrungsaustausch zwischen kleinen Kindern und ihren Eltern anregen, sondern auch die Kunstbegegnung kleiner Kinder im Museum gestalten und unterstützen. Kleine Kinder finden zwar in Kunstmuseen den Raum, der auf ihre Bewegungslust antwortet, befinden sich jedoch auch in einer Institution, die die Art und Weise der Auseinandersetzung mit strikten Regeln lenkt: Das Anfassen der Kunstwerke ist in den meisten Fällen genauso wenig erlaubt wie Herumlaufen und Lautsein.

Ein Koffer kann in diesem Zusammenhang im Museum einen eigenen Raum für die Kinder schaffen, ohne den Kindern den eigentlichen Museumsraum als Bildungsort vorzuenthalten. Auf dem Boden abgestellt, markiert er für die Kinder einen Ort, an dem sie sich gemeinsam mit den anderen Kindern und ihren Erzieherinnen versammeln, an dem ihre Aufmerksamkeit gebündelt wird. Des Weiteren kann der Koffer für die Kinder in der Fremde des Kunstmuseums wie ein Reisegepäck zu einem Stück Heimat werden. Der mitgebrachte Koffer erlaubt es an jeder Stelle im Museum, vor jedem neuen Kunstwerk zu lagern und damit den Kindern über diesen ausgewiesenen Ort zu signalisieren: Hier bist du jetzt, hier ist dein Ort, hier kannst du dich bewegen und verhalten wie du willst: Du kannst sitzen, liegen, lümmeln…

© VG-Bildkunst

Die Materialien im Koffer regen zur aktiven Auseinandersetzung mit den Bild-inhalten an. Hier: Paul Lohse, Bewegung um eine Achse, 1952–1962

In einem ersten Schritt sollte ein Museumsrundgang mit der Frage erfolgen, welche Kunstwerke das Interesse der Kinder erregen könnten. Es ist also durchaus notwendig, das Interesse der Kinder an den Kunstwerken zu antipizieren. Bemerkenswerterweise kann nicht von vornherein gesagt werden, dass sich kleine Kinder ausschließlich für Werke bestimmter Kunstrichtungen interessieren. Erfahrungsgemäß sind besonders Arbeiten für die kleinen Kinder von Bedeutung, die über forschend-entdeckende Arbeitsweisen entstanden oder über vielfältige sinnliche Wahrnehmungsebenen zu erschließen sind.

Bilder auswählen

Über die ganz persönlichen Dinge, wie Kuscheltiere und -tücher hinaus ermöglicht es der Koffer, Dinge und Materialien auf die Reise durch das Kunstmuseum mitzunehmen, die die sinnliche Wahrnehmung der kleinen Kinder unterstützen oder ihren Eindrücken einen Rahmen geben. Selbstverständlich gehören in einen derartigen Koffer auch Papier und Stifte für die Kleinen, um es ihnen wie sonst auch den großen Kindern möglich zu machen, ihre Entdeckungen Bild werden zu lassen, um sie zur Nachah-

mung des Gesehenen anzuregen. Allerdings geschehen die Kunstbetrachtungs- und Aneignungsprozesse direkter, sinnlich-konkreter als bei den älteren Vorschulkindern, die bereits wissbegierig Erklärungen lauschen und Fragen stellen. Die Materialien und Dinge sollten diese spezifischen Formen der Aneignung unterstützen und herausfordern. Was sind das für Dinge? Oder wie kommt man zu einer begründeten Auswahl der Kofferausstattung?

Spannend war in diesem Zusammenhang der Museumsrundgang mit den am Projekt des Stuttgarter Kunstmuseums beteiligten Erzieherinnen und Kunstvermittlerinnen, denn diese konnten sich begründet ganz unterschiedliche Kunstwerke für kleine Kinder vorstellen. Unter anderem waren dabei Malereien von Otto Dix, die spielende Kinder zeigen. Die Begründung für die Auswahl dieser Kunstwerke lag auf der Hand, wie eine der beteiligten Museumspädagoginnen treffend formulierte: Kinder interessieren sich für Kinder. Eine Erzieherin

Projektdurchführung

Vorbereitung: eigener Museumsbesuch der Erzieherin, aktive Kooperation mit den Museumspädagogen, Auswahl geeigneter Kunstwerke, Bestückung und Gestaltung der Koffer (möglichst in Rücksprache mit den Museumspädagogen)

Durchführung: Ankommen mit den Kindern, gemeinsame Reise durch das Museum mit den Koffern, Lagern vor einzelnen ausgewählten Kunstwerken, Inszenierung der Werke durch den spielerischen Umgang mit dem Koffer und den Objekten, Erzählen und Malen

Reflexion und weitere Initiativen

- Lust und Freude am Erfinden von Bewegungsfolgen wurden geweckt
- Museumsbesuche fördern die Beziehung zwischen Erzieherinnen und Kindern
- gemeinsame Museumsbesuche mit den Eltern
- Verstärkung der Kooperation zwischen Kindertagesstätten und Museen

© VG-Bildkunst

Gottfried Feder und Hermann Giesler über © www.guidowbaudach.com

Die Pädagoginnen überlegen, dass Bilder von Kindern kleinere Kinder in besonderer Weise ansprechen. Hier: Otto Dix, Ursus mit Kreisel, 1928

Die Teilnehmerinnen erschließen ein Bild namens „Bugs Bunny, Micky und Donald" von André Butzer (2007): Hier gibt es für Kinder viel zu entdecken.

wählte ein Werk des zeitgenössischen Künstlers André Butzer aus. Sie ging davon aus, dass kleine Kinder sich über die Art und Weise des mehrschichtigen Farbauftrags und des überwiegend ungegenständlichen Bildes für das Werk interessieren könnten. Über die „wilden", mehrschichtigen Farbspuren und -flächen hinaus tauchen in dem Bild zusätzlich auf die Umrissform reduzierte Gestalten auf, die an comic-hafte Gespenster, Ungeheuer oder Geister erinnern und nach Ansicht der Erzieherin die Fantasie der kleinen Kinder anregen könnten. Die Reihe ganz unterschiedlicher Kunstwerke wurde schließlich auch durch ein Werk der Konkreten Kunst ergänzt, das dem Eindruck einer anderen Teilnehmerin der Fortbildung nach in seinen klaren Farben und Formen zum Spiel und zur Auseinandersetzung mit diesen einlädt.

Ausgangspunkt für den Auswahlprozess war immer die Überlegung, auf welche Weise sich Kindergartenkinder die Welt erschließen. Die Herausforderung lag für die Pädagoginnen darin, die Kunstwerke mit folgenden Fragestellungen zu betrachten:

- Inwieweit ist das Werk über konkret-sinnliche Zugänge zu erschließen?
- Inwieweit kann es für das kleine Kind in seinem spezifischen Sosein ein Gegenüber sein?
- Inwieweit greift es ästhetische Erfahrungen, die die Kinder bereits gemacht haben, auf?
- Welche Rolle spielen bei der Kunstrezeption basale Erfahrungen mit Licht und Schatten, mit der Bewegung, mit den Naturelementen, mit dem Erzählen von Geschichten, mit dem Schmieren und dem Hinterlassen von Spuren?

Museumskoffer – Work in progress

Für die Entwicklung angemessener Kunstvermittlungsimpulse stand den Erzieherinnen und den Museumspädagoginnen ein Koffer zur Verfügung. Dieser wurde mit Materialien und Dingen gefüllt, die es den Kooperationspartnerinnen ermöglichten, auf der sinnlich-konkreten Wahrnehmungsebene ein Kunstwerk für die kleinen Kinder zu inszenieren, in seiner jeweiligen Besonderheit für diese spezifische Altersgruppe zum Erscheinen zu bringen.

Der Koffer des Teams, das sich mit dem Kunstwerk von Richard Paul Lohse „Bewegung um eine Achse" auseinandergesetzt hat, weist in der Innenausstattung eine ähnlich strenge und klare Ordnung wie das Kunstwerk auf. Die Schachteln und Unterteilungen sind interessanterweise weiß gehalten. Obwohl der Koffer verhältnismäßig vielfältig ausgestattet ist, lenkt sein Sammelsurium durch die Ordnung nicht vom Werk ab. Im Gegenteil: Die unterschiedlichen Farbtücher und -folien regen unmittelbar dazu an, die Farbordnung des Bildes nachzuahmen.

Die Anordnung der Farben und was es bedeutet, sich um eine Achse zu drehen, kann konkret sinnlich handelnd nachvollzogen werden. In diesem Sinne kann der Koffer auch als Forscherkoffer bezeichnet werden. Er ermöglicht den Kinder nicht nur einen Zugang zu einem Kunstwerk, unterstützt nicht nur den spezifischen Zugang zum Werk, der kleinen Kindern eigen ist, sondern ermöglicht es ihnen zudem, das Werk in seiner individuellen Beschaffenheit zu erforschen:

- Welche Farben sehe ich?
- Wo hört das Bild auf?
- Was passiert, wenn ich das Bild mit den klar begrenzten Farbflächen drehe, in meiner Vorstellung, mit den unterschiedlich farbigen Folien vor den Augen?

Als wichtiger Baustein in diesem Koffer speziell für das Werk von Lohse sollte auf gar keinen Fall das Bilderbuch „Das runde Rot" von Katja Kamm fehlen. Das Bilderbuch erzählt eine Geschichte, in der sich ein roter Kreis von Seite zu Seite in andere und neue Gegenstände verwandelt. Der rote Kreis wird zum Ball, zum Apfel, zum Autoreifen und vielem mehr. Das Besondere im Hinblick auf eine sinnvolle Beigabe zum Werk Lohses für kleine Kinder ist hierbei, dass der rote Kreis sich in Farbe und konkreter Form nicht verändert, sondern seinen Bedeutungsspielraum durch das Einpassen in immer wieder neue Szenen und Kontexte erhält. Der stetig visuell wahrnehmbar gleichbleibende rote Kreis wird dadurch in der Verwandlung gezeigt, im Werden. Und an dieser Transformation sind die im Bilderbuch handelnden Figuren maßgeblich beteiligt, die die hervorgerufenen inneren Bilder ins Bild setzen. Zu ähnlichen Handlungen wollen die Koffer mit ihren vielfältigen Materialien und Dingen anregen: Zum nachahmenden Nachvollzug der Kunstwerke auf der sinnlich-konkreten Ebene, aber auch zum Transfer in andere Kontexte. Der Koffer, wenngleich er erst einmal ganz individuell für ein ganz bestimmtes Werk gestaltet wurde, ist immer auch als Brücke zwischen dem jeweilig ausgewählten einzigartigen Werk zu den anderen zu begreifen – im wahrsten Sinne als Begleiter durch die fremde neue Welt des Museums und der Kunst. ◀

Literatur: Katja Kamm: **Das runde Rot.** Bajazzo, Zürich 2003

Work in progress

Der Begriff „work in progress" bezieht sich in der Kunst auf den Prozess der Entstehung eines Werkes.

Selbst gestalten

Das Kunstwerk ist gewissermaßen der Entstehungsprozess. Für das ästhetische Erleben von Kindern ist dieses Konzept von zentraler Bedeutung, denn es lässt den Blick auf das individuelle Erleben zu. Um die Kinder in ihren ästhetischen Bildungsprozessen angemessen fördern und unterstützen zu können, ist es wichtig, wahrzunehmen, wie ein Kind zu einem Bild kommt. Beobachtet und dokumentiert werden sollte beispielsweise, wie ein Kind beginnt zu malen und in welcher spezifischen Situation. Weiter ist es wichtig, zu erkennen, wie das Kind das Bild herstellt. Dabei reicht es nicht aus festzustellen, dass es Papier und Stifte zur Hand nimmt. Das Kind wird Materialpräferenzen haben und selbstverständlich eine besondere Art und Weise, mit dem Farbauftrag umzugehen.

Jeder Gestaltungsprozess findet irgendwann auch ein Ende, nicht selten vermutlich zunächst ein vorläufiges. Auch hier ist es von Bedeutung, zu verstehen, auf welche Weise das Kind seine Arbeit unterbricht. Wird das Ende von außen gesetzt? Wird das Kind gestört? Widmet das Kind seine Aufmerksamkeit einem anderen Gegenstand oder einer anderen Situation? Inwieweit hat das andere und neue Interesse mit dem Bild, an dem das Kind gerade noch gearbeitet hat, zu tun?

Die von Margret Carr in Neuseeland entwickelten Bildungs- und Lerngeschichten bieten in diesem Zusammenhang ein hervorragendes Instrument, den individuellen „work in progress" der Kinder zu dokumentieren und ihnen zu spiegeln.

Im Zusammenhang mit der Entwicklung angemessener Impulse für die ästhetische Bildungsarbeit mit kleinen Kindern im Museum spielt der Begriff „work in progress" noch eine andere, wenngleich nicht weniger bedeutende Rolle. Hier bezieht sich „work in progress" auf Kunstvermittlung als Prozess.

Kunst vermitteln

Um jüngeren Kindern angemessene Kunstvermittlungsangebote zu machen, können wir zwar auf Erfahrungen zurückgreifen, jedoch nie mit Sicherheit behaupten, wie die ästhetische Bildungsarbeit mit den Kleinen gelingen kann. Aus diesem Grunde wird bzw. sollte es nie einen fertigen Museumskoffer für kleine Kinder im Museum geben. Vielmehr ist es erstrebenswert, den Koffer, also die materialisierten Impulse für die Kunstvermittlung, gemeinsam mit den Kindern, ihren Erzieherinnen und den Museumspädagoginnen zu entwickeln.

Zu Beginn gibt es einen leeren Koffer, der mit Dingen und Materialien gefüllt wird, die sich aus der Perspektive der Erzieherinnen und Museumspädagoginnen für die Kunstvermittlung im Museum eignen. Mit diesem ersten Objekt werden Erfahrungen gesammelt, die selbstverständlich dokumentiert werden sollten.

Die Kunstvermittlung der kooperierenden Erzieherinnen und Museumspädagoginnen ist demnach als eigene Bildungs- und Lerngeschichte zu verstehen, die in einer bestimmten Form, in einem Portfolio, einem Buch o.Ä. ein weiteres Objekt im Koffer darstellt, das wie ein Tagebuch den Prozess der Kunstvermittlung begleitet.

Komm, lass uns die Wände wegräumen

Tanzen mit Kleinkindern und Eltern

Text: Kirsten Winderlich | Fotos: Nick Ash

Der Eltern-Kind-Tanz ist mehr als gemeinsames Tanzen.
Er eröffnet ästhetische Begegnungsräume zwischen Eltern und
Kindern, die eine besondere Nähe herstellen – nämlich über
den Körper und die Berührung. Der gemeinsame Tanz erlaubt es,
einander auf besondere Weise wahrzunehmen. Sich raumgreifend
zu bewegen, ist im Alltag nicht mehr selbstverständlich. Gemeinsam zu tanzen, bietet Kindern wie Erwachsenen die Möglichkeit,
das innere Erleben und Fühlen zum Ausdruck zu bringen.

Altersgruppe
- Kleinkinder, die bereits sicher laufen können
- Eltern

Räumliche Voraussetzungen
großer Raum ohne Mobiliar

Materialien
Instrumente:
- Trommel
- Triangel
- Tambourin
Requisiten:
- ggf. Bälle
- ggf. Tücher

Um die Elternarbeit zu fördern und die Eltern-Kind-Beziehungen zu stärken, können die Eltern zu gemeinsamen Projekten eingeladen werden. Die Tänzerin Kathi Fourest bietet seit einigen Jahren Projekte an, die das künstlerische Zusammenspiel von Eltern und Kindern möglich machen. Gemeinsam erkunden Große und Kleine die Medien „Raum" und „Bewegung". Von Kathi Fourest kann man lernen, wie sich Kinder und Erwachsene trotz ihrer unterschiedlichen Bewegungserfahrungen und verschiedener -bedürfnisse tänzerisch begegnen und wie sie gemeinsam individuelle Bewegungsspiele und ganze Choreografien erfinden. Im Idealfall finden die neuen Bewegungsformen Eingang in den Alltag der Familien.

Gemeinsam im Raum ankommen

Die Situation des Ankommens wird von Kathi Fourest spielerisch genutzt, um einen bewussten Umgang miteinander anzuleiten: Kinder und Erwachsene stehen im Kreis. Ein Instrument, zum Beispiel eine Trommel, eine Triangel oder ein Tambourin, wird herumgereicht. Jeder darf mit

dem Instrument einen Klang erzeugen und nennt dabei seinen Namen. Kein Kiechern, kein Quatschen, keine Parallelaktion stört die Eingangsphase. Es ist ganz still, das Ritual des kreisenden Instrumentes mit dem Nennen des eigenen Namens wirkt wie eine festliche Begrüßung. Es schafft eine konzentrierte Aufmerksamkeit für alles Kommende.

Wie in allen ästhetischen Bildungsprozessen benötigen wir Material, mit dem wir sinnlich wahrnehmend umgehen. Beim Malen ist dieses beispielsweise die Farbe, beim plastischen Gestalten der Ton oder beim Musikmachen alles, was Klänge erzeugt. Im Tanz ist die Bewegung das Material, die in Interaktion mit dem Raum aus dem Körper heraus entwickelt wird.

Sind die Füße wach?

Um mit dem Material „Bewegung" spielen und experimentieren zu können, ist es notwendig, auf bereits vorhandene Erfahrungen zurückgreifen zu können. Da Kinder wie Erwachsene das bewusste Spiel mit der

Vater und Tochter erkunden den Raum.

eigenen Bewegung in der Regel nicht gewöhnt sind, ist es notwendig, sie zunächst für den eigenen Körper zu sensibilisieren. Kathi Fourest gelingt dies, indem sie die kleinen und großen Teilnehmer des Projektes anregt, ihren Körper in isolierten Bewegungen zu aktivieren und ihn bewusst zu erleben. Sie beginnt am Boden und fragt die Kinder und Erwachsenen: „Habt ihr eure Füße dabei? Ja? Dann zeigt sie her und seht wie sie funktionieren:

- Füße ausklappen und einklappen,
- ausklappen, einklappen ..."

So geht es weiter, den ganzen Körper entlang. Die Füßen werden genau untersucht, auch die Fußballen, jene weichen Polster, auf denen Tiere so gut und so schnell laufen können. Die Hände werden untersucht. Auch der Po, selbst ihn kann man ausklappen! Stehen alle sicher? Der Kopf genießt noch einmal besondere Aufmerksamkeit. Schließlich kann dieser nicht nur nicken, sondern auch nach rechts und links blicken.

Im Anschluss an diese Sensibilisierung des eigenen Körpers über isolierte Bewegungsübungen richtet sich die Aufmerksamkeit auf die Fläche und Ausdehnung des Raums.

Schleichen, stampfen, fallen lassen – ein Trommelspiel

Das Trommelspiel ist ein sehr beliebtes Ritual, mit dessen Hilfe der Raum über die Laufbewegung erkundet wird. Die Art und Weise, wie die Trommel angeschlagen wird, gibt den Kindern und ihren Eltern das Signal, sich auf eine ganz bestimmte Weise zu bewegen. Je nach Trommelschlag laufen die Kinder und Erwachsenen durch den Raum, mit kleinen trippelnden oder mit großen ausholenden Schritten. Natürlich wird auch der Rückwärtsgang eingeschlagen, gestampft und geschlichen. Beim Schleichen ist es besonders wichtig, dass die gesamte Fußsohle auf dem Boden bleibt. Kathi Fourest vergleicht dies mit den Bewegungsabläufen beim Schlittschuhlaufen.

Das Laufritual hilft, den Raum zu erkunden, zu dem jedoch nicht nur Boden und Wände gehören sondern auch die Personen, die sich in ihm aufhalten. Kinder und Erwachsene erhalten nicht nur die Möglichkeit, unterschiedliche Gang- und Bewegungsweisen zu erfahren. Sie lernen, an deren Qualität zu arbeiten. Und sie sind angehalten, sich auch gegenseitig wahrzunehmen. Neben der Achtsam-

keit für den eigenen Körper wird auch die für den des anderen geschult.

Ein Trommelsignal gibt dann schließlich den Impuls zum Fallenlassen und wieder Aufrappeln. Soll dieses bewusst geschehen, ist es kein einfaches Unterfangen, denn das Fallenlassen soll ohne Geräusche erfolgen. Das Fallenlassen bedeutet eine komplexere Bewegungsanforderung als das Schleichen. Um das zu schaffen, muss man seinen Körper in der dazugehörigen Bewegungsfolge gut spüren und bewusst steuern können. Kinder und Erwachsene üben das Fallenlassen einige Male. Es scheint

große Freude zu machen, aber lautlos ist es bei weitem noch nicht – macht nichts. „Es zählt der Versuch, verknüpft mit Lust und Freude", betont Kathi Fourest.

Wortbilder als Impuls für Bewegungsspiele

Nach der Eroberung des Raumes regen Wortbilder zu neuen Bewegungen an. Sie helfen, Situationen zu imaginieren, sich bildlich etwas vorzustellen, das in der Bewegung erschlossen werden kann.

Unermüdlich wird weitergearbeitet, zuerst mit dem Wortbild „Brückenbau": Es sollen Brücken an der Wand gebaut werden. Auffallend ist, dass hier sofort die Eltern aktiv werden. Sie lehnen sich so an die Wand, so dass ein Zwischenraum zwischen ihnen und dem Boden entsteht. Interessant ist, dass die Kinder sich von den für sie ungewohnten Haltungen der Eltern anregen lassen, diese aufzunehmen und „weiterzuerzählen": Einige Kinder ahmen die Stellung der Eltern nach. Andere fühlen sich animiert, die „Körper-Skulpturen" der Eltern kreativ fortzuführen, indem sie unter den Körperbrücken hindurchkriechen oder sich einfach unter sie legen.

Die Eltern bauen als Erste Brücken,
die Kinder greifen ihre Ideen auf und setzen sie fort.

Kompetenzen im Blickpunkt	Kooperation mit Eltern
Ganzheitliche Förderung: • Bewegung • Fantasie • räumliche Wahrnehmung • Interaktion und Kommunikation • Eltern-Kind-Beziehung **Spezielle Förderung:** • Tanz, Musikerleben • Mut zur Improvisation • Körperbewusstsein	**Dokumentation:** • Fotodokumentation • Video • Aufführung 

Gar nicht so einfach, an die Wäscheleine heranzukommen …

Die Pause als eigener Raum für die Eltern

Den Zusammenhalt fördert auch die gemeinsame Pause, wenngleich „Pause" für Kinder und Erwachsene jeweils Unterschiedliches bedeutet. In der einen Hälfte wird eine Picknickdecke ausgebreitet, auf der die Kinder Platz nehmen und die mitgebrachten Obststücke und Knabbereien teilen.

Während sich die Kinder stärken, erhalten die Eltern von Kathi Fourest einen eigenen Tanzimpuls. Dabei geht es entweder um die Entwicklung von Bewegungsqualität oder um eine

Die Eltern entwickeln komplexere Tanzformen.

Weitere kleine Choreografien entstehen, als Kathi Fourest die Gruppe auffordert, „Wäsche aufzuhängen". Dieses Wortbild erfordert wieder eine Bewegungsreihe und ist nicht mit einer einzelnen Körperhaltung zu vermitteln.

Ein besonders beliebtes Wortbild ist das der Affenbande. Am Affengang, natürlich auf den weichen Handballen, auf allen vieren, über das Rollen bis zum Klettern auf den Baum, haben die Kinder gemeinsam mit ihren Eltern viel Freude. Das Bewegungsspiel nimmt komplexere Züge an. Die Eltern fungieren in dieser Sequenz als Bäume, auf die die Kinder klettern, was Vertrauen voraussetzt. Dabei gibt es selbstverständlich Variationen, die unterschiedliche Erfahrungen in Bezug auf das Getragenwerden ermöglichen. Zu Beginn stehen die Bäume allein und die Kinder erproben die neue Spielform mit ihrem Vater oder ihrer Mutter. Später dann stehen die großen Bäume wie in einem Wald dicht nebeneinander, und die kleinen Affen klettern von Baum zu Baum. Im Klettern bereits geübt, sind die Kinder hier herausgefordert, auch anderen Erwachsenen als den eigenen Eltern zu vertrauen. Es entsteht ein Gemeinschaftsraum, der den Gemeinschaftssinn stärken hilft.

Projektdurchführung

Dramaturgie:
- im Raum ankommen
- für den Körper sensibilisieren
- für den Raum sensibilisieren
- Bewegung zu Wortbildern entwickeln
- Picknick der Kinder / Tanz der Eltern
- in der Gruppe mit Bewegung spielen
- (klassische) Tanzelemente erproben und einüben
- durch Musik zu raumgreifender Improvisation anregen

Reflexion und weitere Initiativen

- Lust und Freude an der Bewegung und am Erfinden von Bewegungsfolgen wurden geweckt
- Beziehung zwischen Eltern und Kindern wurde gestärkt
- Bewegungsspiele sollen regelmäßig sowie spontan in den pädagogischen Alltag eingebettet werden
- regelmäßiges Angebot zum Eltern-Kind-Tanzen in der Kindertagesstätte wird gewünscht

Alle springen auf Kommando in die Pfütze!

Gemeinsam tanzen Groß und Klein zu Musik.

kleine Choreografie, die sich von Woche zu Woche verdichtet und erweitert. Das Tanzmoment für die Eltern geht dabei auf die besonderen Bewegungserfahrungen und -bedürfnisse der Erwachsenen ein.

Der Tanz der Eltern bietet den Kindern die besondere Möglichkeit, ihre Eltern dabei zu beobachten. „Es ist spannend zu sehen, wie aufmerksam die Kinder ihren Eltern zuschauen", weiß Kathi Fourest im Rückblick auf viele andere Projekte dieser Art zu berichten. Der Tanz ohne Kinder bzw. das Picknick ohne Eltern hat infolge der zeitweisen Trennung eine weiterführende Funktion gewonnen: Sie eröffnet den Kindern eine neue Perspektive auf die Bewegung, indem sie mit Distanz zuschauen können.

In Pfützen springen

Gestärkt vom Picknick, noch warm vom Bewegungsspiel der Affen und neugierig vom Tanz der Eltern, stürzen sich die Kinder jetzt wieder gemeinsam mit ihren Eltern in die neue Herausforderung. In Pfützen wollen sie jetzt springen, wobei immer nur ein Tänzer oder eine Tänzerin sich die imaginären Gummistiefel anziehen kann und in die Pfütze springen darf. Die Pfütze sind in diesem Bewegungsspiel alle, die dicht nebeneinander in einem Kreis stehen. Das

Kind, das sich die Gummistiefel angezogen hat, springt in den Kreis. Der Sprung ist ein Impuls für alle: Es ist erhöhte Aufmerksamkeit gewünscht. In dem Moment, in dem das Kind in der Mitte des Kreises landet, springen alle anderen wie das Wasser aus einer Pfütze nach hinten aus dem Kreis heraus. Dies ist eine gute Übung für die Reaktionsfähigkeit! Und sie führt den Sprung als klassisches Element des Tanzes ein, das jetzt seinen Raum erhält.

Improvisationsfläche

Bei sich anschließenden Sprungübungen entlang einer Diagonale im Raum bekommen alle Gelegenheit, sich in einem komplexen klassischen Tanzelement zu üben, und sie werden angeregt, an der individuellen Aufführung zu arbeiten und diese zu verbessern. Zum Schluss kann sich ein

jedes Kind mit seinen ganz eigenen Fähigkeiten zeigen – zwischen all den Eltern.

Gesteigert wird dieser Aspekt der genauen Aufführung, wenn die Projekteinheit durch eine Improvisationsfläche abgeschlossen wird. Dabei gibt es nur einen einzigen Impuls: Musik, die hier zum ersten Mal zum Einsatz kommt. Sie bildet den Schlussakkord und gibt aus diesem Grunde eine besondere Anregung. Auf der musikalischen Improvisationsfläche bewegen sich Kinder und Eltern gemeinsam, geben ihren Erfahrungen mit ihrem Körper, den Bewegungen, dem Raum und den anderen einen Ausdruck, spielen mit dem Erlebten und interagieren mit den anderen Tänzerinnen und Tänzern.

Für Kathi Fourest ist diese Improvisation immer ein besonderer Moment der Projekte, weil sie gerade hier erlebt, wie sich durch die Bewegungsspiele die ästhetischen Erfahrungsprozesse der Einzelnen, der Kleinen und der Großen, verdichtet haben. Sie beobachtet in fast allen Fällen, dass sich das Zusammenspiel zwischen den Kindern und ihrer Eltern mithilfe der hier eingesetzten ästhetischen und künstlerischen Medien, mithilfe von Bewegung und Raum, erweitert hat. ◄

Tanzen nach Bildern

Die Arbeitsweise der Tänzerin und Tanzpädagogin Kathi Fourest zeichnet sich insbesondere durch das Tanzen nach Bildern aus. Durch die Einführung eines Bildes, das eine den Kindern wie den Erwachsenen bekannte Alltagshandlung, z.B. im Haushalt oder im Garten, oder vielleicht ein Spiel mit den Elementen Luft oder Wasser zum Gegenstand hat, regt Kathi Fourest die Vorstellungsfähigkeit der Kinder und Erwachsenen an. Dadurch verhilft sie ihnen, ganz eigene Bewegungen zu finden und zum Ausdruck zu bringen. Solche Bilder regen jedoch nicht nur die Fantasie an, sie sind auch als Vor-Bilder und Bewegungsimpuls einer Stück für Stück entstehenden Choreografie zu verstehen.

Impulsgebendes Bild

Umsetzung – Hinweise und Assoziationen

Zaubersamen

„Ihr liegt ganz flach mit dem Bauch auf dem Boden. Ich bin die Gärtnerin und drück euch, die Samen, ganz sanft in den Boden. Der Samen drängt ans Licht. Er will wachsen, hebt den Kopf, bewegt nacheinander seine Blätter und Zweige (Arme und Beine) und erhebt sich in die Höhe. Die kleine Pflanze will sprießen und wachsen. Alle Pflanzen stehen im Wind und schaukeln."

- Einsatz: geeignet zum Einstieg in eine Tanzsequenz
- Thema: die Vertikale
- Bewegungsabläufe: sich strecken, vom Boden in die Höhe, bei sich sein, die eigene Achse wahrnehmen (motorische Koordination)
- Förderung der Wahrnehmungsfähigkeit: Zeit der anderen, eigene Zeit – wie lange wächst eine Pflanze?

Affenbande

„Verwandelt euch in Affen! Wie laufen die Affen? (Die Erzieherin zeigt den Kindern ihre Hände und verweist auf die weichen Ballen der Affen und betont, wie leise die Affen trotz ihrer schnellen Bewegung laufen. Sie lässt sich von den Kindern zeigen, wie Affen sich fortbewegen, was sie tun. Dann macht sie einen eigenen Vorschlag und läuft auf Händen und Füßen – nicht auf den Knien!) *Probiert, zu laufen wie ein Affe. Die Affen machen Quatsch! Sie schaukeln auf den Ästen, hängen in den Bäumen, rollen über den Boden, springen herum, gehen aufrecht… Können die Affen auch klettern? Ich bin der Baum, probiert es aus."*

- Thema: Energie, klettern und getragen werden
- Bewegungsabläufe: gehen und laufen „auf allen vieren", klettern, schaukeln, rollen…, Verlagerung des Schwerpunktes
- Förderung der Wahrnehmungsfähigkeit, motorische Kompetenz: Erkundung des Raumes aus anderen, ungewohnten Perspektiven
- Gruppendynamik: gemeinsames Spiel

Wäschetag

„Ihr seid Wäsche, die in die Waschmaschine gepackt wird. Die Wäsche wird geschleudert. Die Wäsche wird aus der Maschine herausgenommen und ausgeschüttelt. Die Wäsche hängt sich auf eine Wäscheleine und lässt sich vom Wind trocknen. Einzelne Wäscheklammern lösen sich, die Wäsche wird abgehängt und in den Wäschekorb gepackt. (Die Erzieherin schiebt alle Kinder auf einen Haufen.) *Die Wäschestücke falten sich ganz klein zusammen."*

- Einsatz: eignet sich zum Aufwärmen
- Förderung der Wahrnehmungsfähigkeit, motorische Kompetenz: umfassende Raumwahrnehmung, Kreisbewegungen auf dem Boden erfinden, den ganzen Körper schütteln und anschließend mit den Händen glattstreichen, den Körper strecken, hängen, klein werden und in sich zusammenfallen
- Gruppendynamik: bewegt werden, die anderen berühren
- Körperwissen: alle Gelenke finden

Pfützenspringen

„Ihr alle zusammen seid eine große Pfütze. Die Wasser-oberfläche bewegt sich. (Ein Kind wird genannt.) ____ *zieht sich Gummistiefel an.* _____ *springt jetzt in die Pfütze.* (In dem Moment, in dem das Kind in den Kreis springt, springen alle anderen Kinder mit einem großen Sprung nach außen – wie das spritzende Wasser.)"*

- Thema: Kreis, Aufmerksamkeit / Konzentration
- Wahrnehmungsfähigkeit: Beobachten
- Bewegungsabläufe, motorische Kompetenz: Rückwärtssprung, ausholende Bewegung
- Gruppendynamik: Aufmerksamkeit für den anderen, starkes Gruppenerleben

Bohnenpotpourri – Materialbilder

Kleine Kinder gestalten mit allen Sinnen

Text: Claudia Mock und Kirsten Winderlich, unter Mitarbeit von Josefine Behrendt
Fotos: Nick Ash und Corinna Mehl

Bohnen. Bohnen und ein leerer Raum für Kinder. Auf den ersten Blick ist es nicht mehr als das. Der zweite Blick zeigt, dass die kindliche Fantasie, das Staunen und Wundern, das Innehalten und genaue Betrachten, die physische Energie und Entdeckerlust der Kinder Bilder entstehen lassen. Bilder, die den Kindern noch lange in Erinnerung bleiben werden, weil sie sie mit ihrem ganzen Körper geschaffen haben – mit den Händen, den Armen und den Füßen, mit den Fingerspitzen in winzigen Bewegungen genauso wie aus dem großen Wurf heraus.

Altersgruppe
Kinder unter 3 Jahren

Räumliche Voraussetzungen
leerer Raum

Materialien
- getrocknete Bohnen
  (in mehreren Größen
  und Farben)
- Behälter für die Bohnen

Die Arbeitsweise

Materialbilder brauchen Raum – in vielfacher Hinsicht. Sie benötigen Platz im Sinne eines nicht vordefinierten Bewegungsspielraums. Sie erfordern Material in Hülle und Fülle, und sie brauchen eine Erzieherin oder einen Erzieher, die oder der nicht vorschnell in die Materialerkundungen der Kinder eingreift, sondern selbst Lust am Spiel erlebt und die Kinder durch diese Haltung anregt, „aus sich herauszukommen" und noch nicht Erlebtes zu wagen.

Das hier vorgestellte Projekt hat sich aus dem Umgang mit Bohnen als Sinnesmaterial heraus entwickelt. Die schlichten und so alltäglichen Bohnen haben die Forscherlust der Kinder angeregt, ihnen vielfältige Erfahrungen mit ihrem Körper und dem Material eröffnet und grundlegende bildnerische Gestaltungsprozesse in Gang gesetzt.

Der Raum

Für das Spiel mit Material in Hülle und Fülle ist ein leerer Raum unabdingbar. Ist der Raum zu voll, zu bunt und unsortiert, kann er schnell eine Reizüberflutung bewirken, die die Aufmerksamkeit der Kinder ablenkt. Um mit dem Material in Berüh-

rung zu kommen, benötigen die Kinder Bewegungsraum. Diesen Überlegungen folgend, wird für das Projekt ein Raum fast vollständig leergeräumt. Lediglich ein schwerer Schrank bleibt stehen und erinnert an die eigentliche Funktion des Raums als Konferenzraum.

Die Bohnen stehen in drei offenen Säcken bereit.

Das Leerräumen verändert die Raumwahrnehmung völlig. Platz ist entstanden. Platz, der mit Gedanken, Gefühlen, Bildern, Imaginationen und Bewegung gefüllt werden kann. Nichts wird das Spiel mit dem Material jetzt noch stören. Nichts fällt mehr ablenkend in den Blick. Die Kinder können sich ausschließlich auf die Bohnen konzentrieren, die in drei verschiedenen Säcken in der Mitte stehen. Der Konferenzraum verwandelt sich in einen ästhetischen Erfahrungsraum, in dem die Kinder mit den Bohnen auf gelbem Linoleum immer wieder neue Bilder erschaffen. Doch wie genau soll man sich das vorstellen? Mit Bohnen Bilder machen?

Das Geschehen nimmt seinen Lauf

Im Raum ist es still. In der Mitte befinden sich auf dem Boden drei Säcke, gefüllt mit verschiedenen Bohnen. Um die Materialerfahrung „Bohne" zu intensivieren, sind die Farben der Säcke an die Farben der darin enthaltenen Bohnen angelehnt: Die Kidneybohnen befinden sich in einem roten, die hellen Saubohnen in einem weißen Sack und die kleinen grünen Böhnchen lagern ebenfalls in einem farblich angepassten Säckchen. Als die Erzieherin die Zwei- und Dreijährigen in den vorbereiteten Raum führt, begleiten Ausrufe der Überraschung und des Erstaunens die Schritte der Kinder. Während Jusuf, Emine und Alvin geradewegs auf die Bohnen zulaufen, erkundet Madeleine erst einmal die kahlen Wände. Behutsam tastet sie mit ihren Händen die Wand ab, um sich dann den anderen und den Bohnen zuzuwenden. In der Zwischenzeit gruppieren sich die Kinder bereits um die Bohnen. Die Köpfe dicht über die Säckchen gebeugt, vergehen erst einmal einige Minuten der Stille und Kontemplation.

Es ist Alvin, der sich als Erster traut, eine Bohne anzufassen. Mit ausgestrecktem Zeigefinger berührt er vorsichtig eine Kidneybohne. Jusuf, der ihm gegenübersitzt, steht auf, um genauer zu sehen, was Alvin dort macht. Aufgeregt springt er von einem Bein auf das andere. Nun beginnen auch die anderen Kinder, vorsichtig in die Säckchen zu greifen. Alvins Hand verschwindet jetzt vollständig in den Bohnen. Er betrachtet dieses Geschehen ein paar Sekunden lang und zieht dann seine Hand ruckartig heraus. Eine rote Bohne fällt dabei aus dem Säckchen und landet auf dem gelben Fußboden. Jusuf, der das Treiben noch im Stand beobachtet, stürzt sich auf die Bohne, hebt sie auf und trägt sie zurück zum Sack.

Um die Kinder zu ermuntern, auch die Bohnen auf dem Boden zu berühren und mit ihnen zu spielen, greift Claudia nun selbst in den Sack und nimmt ein paar Bohnen in die Hand. Sie greift an dieser Stelle ein, um den Kindern die Scheu vor dem Spiel mit den Bohnen zu nehmen. Sie versichert den Kindern, dass sie ALLES mit den Bohnen machen dürfen. Die Kinder fühlen sich ermächtigt zum ganz eigenen Spiel: Es kann beginnen.

Emine nimmt sich den größten Sack vor und schüttet ihn aus. Alle Kinder beginnen nach kurzem Staunen zu jubeln. Jusuf schnappt sich den weißen Sack und gießt die helleren Bohnen dazu. Madleine untersucht den grünen Sack und lässt die kleinen Böhnchen immer wieder über ihre Hände rollen.

Emine und Jusuf sind vom Farbenspiel der Bohnen auf dem gelben Boden begeistert. Die weißen Bohnen liegen umrahmt von den grünen Bohnen in der Mitte. Alvin kommentiert dieses Bild mit folgenden Worten: „Das ist einen Wiese und darauf eine Wolke!"

Nachdem Jusuf die Wolken- und Wiesenbilder betrachtet hat, wirbelt er diese durcheinander und ruft dabei

Nach und nach landen die Bohnen auf dem Boden und formen sich zu Bildern aus.

eindringlich, dass alle schauen sollen, was passiert ist. Die Freude über das neu entstandene Bild durchfährt seinen ganzen Körper. Immer wieder innehaltend bestaunt er die neu entstandenen Bilder. Vorsichtig nimmt er eine einzelne Bohne, die sich an den Rand seines Bildes „verirrt" hat und ordnet sie in sein Gesamtbild zurück.

Plötzlich wirft Emine eine Handvoll Bohnen in die Luft und bringt damit eine neue Sinneserfahrung ins Spiel. Die Bohnen prasseln auf den glatten Boden, springen von hier aus in alle Ecken des Raumes und sprengen auf

diese Weise die bisherigen Bildgrenzen. Alvin und Jusuf nehmen Emines Impuls auf und werfen unter vollem Körpereinsatz haufenweise Bohnen an die Decke. Das Bohnenprasseln mischt sich jetzt mit der lautschallenden Freude der Kinder zu einem gewaltigen Geräuschemeer. Die Kinder sind nicht mehr zu bremsen. Mal schleudern sie die Bohnen durch den Raum, mal werfen sie sie hinter sich, mal lassen sie sich von ihnen einfach berieseln und genießen das Prasseln am eigenen Leib. Immer wieder rufen die Kinder das Wort „Bohnen", das die Freude beinhaltet, die das Spiel mit den Bohnen bei ihnen auslöst.

Die Bohnen haben sich im ganzen Raum verteilt. Claudia legt sich in dieses neu entstandene Meer und bewegt sich vorsichtig und gleitend über den Boden. Die Kinder legen sich zu ihr, ahmen ihre Bewegungen nach. Emine fragt, ob sie heute hier schlafen können. Und Jusuf ruft: „Ich bin ein Fisch!"

Erfahrungsräume öffnen sich

Man könnte dieses Projekt auch als Bildungsgeschichte beschreiben. Es zeigt sich, dass der forschende Umgang der Kinder mit dem Material nicht nur ein genaues Hinsehen, sondern auch ein besonderes Ertasten,

---

Kompetenzen im Blickpunkt

Ganzheitliche Förderung:
- Fantasie, Kreativität
- Imagination/Vorstellungsfähigkeit
- haptische, visuelle, auditive und räumliche Wahrnehmungsfähigkeit
- soziale Kompetenz: Teilhabe und Abgrenzung
- sprachliche Kompetenz

Spezielle Förderung:
- Spiel
- bildnerisches Gestalten, Bilderlegen

Kooperation mit Eltern

Dokumentation:
- Fotodokumentation
- Fotogeschichten

Fühlen und Nachdenken über das Material in Gang setzt. Dieses besondere Wahrnehmen ist der wesentliche Impuls, aus dem die Kinder ihre Bilder schöpfen.

Dabei handelt es sich natürlich nicht um Bilder, die aufgehängt werden können. Es handelt sich um flüchtige Werke. Aber unabhängig von deren nur temporärem, vergänglichem Charakter verdichten diese Bilder die Wahrnehmung der Kinder: Im Zusammenspiel von Material und Körper erwächst ästhetische Erfahrung.

Zu einem Ende finden

Eine häufig gestellte Frage in Bezug auf prozessbezogene und offene Aktionen insbesondere mit kleinen Kindern ist „Wie kann ein Ende gefunden werden?" Gerade im Rahmen von ästhetischen Projekten, die von dem Aufforderungscharakter des Materials und einer sorgfältigen Raumgestaltung leben, finden die Kinder, immer noch beeindruckt vom Materialzauber des Beginns, meist von ganz allein ein Ende. So beendeten auch Jusuf, Emine, Alvin und Madeleine die Aktion eigeninitiativ und begannen ohne Aufforderung, die Bohnen in die

Säckchen zurückzusortieren – es fühlte sich an wie ein Abschiednehmen.

Im Rückblick

Um Kinder zu freien, raumgreifenden Materialbildern anzuregen, ist es notwendig, das Material aus seinem alltäglichen Kontext zu lösen. Die Kinder müssen wissen, dass es zum Spielen und Erkunden bereitsteht. Für derartige Projekte können sicherlich verschiedenste Nahrungsmittel, aber durchaus auch anderes Ausgangsmaterial eingesetzt werden, zum Beispiel mehrere Kubikmeter Parkettstäbe oder Kastanien oder Walnussschalen – der Möglichkeiten sind unendlich viele.

Das Spiel mit den Bohnen fördert unterschiedliche Kompetenzen:

- Im forschenden Umgang mit dem Material, den Bohnen in den Säcken, nahmen die Kinder die unterschiedlichen Gewichte im Verhältnis zu der Menge der Bohnen wahr.
- Die einzelne Bohne im Fokus, hatten die Kinder die Möglichkeit, die unterschiedlichen Formen der Bohnen zu begreifen.
- Die Kinder erlebten, wie die Bohnen den Raum veränderten. ◀

Die Erzieherin legt sich zwischen die Bohnen, um einen Impuls für eine veränderte Herangehensweise zu setzen.

Projektdurchführung

- geeignetes Material auswählen, in ausreichender Menge beschaffen und in geeigneter Weise präsentieren
- Raum vorbereiten (ggf. ausräumen)
- beobachtende Haltung der Erziehenden, nur wenn nötig, Impuls setzen
- bewusst, sparsam sprachlich begleiten, z. B. durch Einsetzen von Wortbildern
- Kindern Raum für eigenen Schlusspunkt geben

Reflexion und weitere Initiativen

- Material war sehr gut geeignet, forderte zum individuellen Erkunden genauso auf wie zum Spiel in der Gruppe
- Kinder waren im Spiel versunken und wurden zu ganz vielfältigen Vorstellungsbildern angeregt
- Aktion soll mit anderen Materialien wiederholt werden (z. B. im Herbst mit Kastanien und Nüssen; im Außengelände mit Sand und Steinen o. Ä.)

Vor Kindern spielen

Theaterspiel
als Imaginationsraum für Kinder

Text: Kirsten Winderlich unter Mitarbeit Studierender des BA-Studienganges
„Bildung und Erziehung in der Kindheit" an der Fachhochschule Potsdam | Fotos: Nick Ash

Kindern etwas zu zeigen, gehört zum pädagogischen
Handwerkszeug – ihnen jedoch etwas vorzuführen, das ist eher
eine Kunst, die sich Erzieherinnen und Erzieher nicht
selbstverständlich zutrauen. Oft hört man, das gehöre in die Hände
von Theaterpädagogen. Dieser Beitrag möchte zu Vorführungen
im pädagogischen Alltag ermutigen: zum Spielen vor Kindern,
um innere und äußere Bilder anzuregen, Vorstellungsbilder
und materialisierte Bilder.

Altersgruppe
Kinder im Alter
von 2 bis 4 Jahren

Räumliche Voraussetzungen
- großer Raum
- ggf. Bühne

Materialien
- Eis in verschiedenen Formen
- Glasgefäße (z. B. großes Goldfischglas)
- Fischobjekt
- Tinte
- Papierbahn (z. B. Tapete)
- Weidenstöcke mit mullumwickelten Spitzen
- Gitarre, Keyboard
- ggf. Scheinwerfer
- Sitzmatten für die Kinder

Wie kam es zu dem Projekt?

Studierende des BA (Bachelor of Arts) Studienganges „Bildung und Erziehung in der Kindheit" an der Fachhochschule Potsdam haben es sich zum Ziel gesetzt, ästhetische Formen des Theaterspiels für die Allerkleinsten zu entwickeln und diese vor zwei- und dreijährigen Kindern aufzuführen.

Das Besondere der Ästhetik des Theaters für kleine Kinder gründet auf der (Wieder)-Entdeckung des Welterkundungsverhaltens eines kleinen Kindes. Die Allerjüngsten wenden besondere ästhetische Praktiken an,

- sie sammeln zum Beispiel und ordnen,
- sie lieben es, Spuren zu hinterlassen oder sich zu verstecken,
- sie explorieren und experimentieren mit unterschiedlichen Materialien, Tönen und Bewegung.

Die Aufführenden erzählen den Kindern keine Geschichte, sondern sie locken auf unterschiedlichen Wahrnehmungsebenen individuelle Geschichten in den Kindern hervor. Dabei nutzen sie Bilder, Töne und Klänge, Bewegung und Sprache als Material und regen durch ihr Spiel die Fantasie der Kinder an, Bedeutungen für das Geschehen im Bühnenraum zu entwickeln.

> *Die Theatermacher begegnen den Kindern während der Aufführung nicht als Darsteller, sondern als Spieler.*

Der Bühnenraum dient im Theater für kleine Kinder nicht als Kulisse, sondern er entsteht vielmehr durch die Handlungen der Spieler im Verlauf des Stückes. Vor diesem Hintergrund ist nachvollziehbar, dass sich der Raum im Kontext von Inszenierung und Aufführung für kleine Kinder durch eine minimalistische Ausstattung auszeichnet.

Die Idee zur Inszenierung entstand aus dem Wunsch, die Materialien Wasser und Eis, insbesondere jedoch die Transformationsprozesse zwischen beiden Aggregatzuständen für die Kinder zum Erscheinen zu bringen.

Zur Umsetzung:
Die Inszenierung von „Platsch"

Die Kinder betreten einen hallenartigen Raum mit Betonfußboden und Sportfeldmarkierungen. Es handelt sich um einen kulturellen Veranstaltungsraum der Fachhochschule Potsdam, der spartanisch eingerichtet ist, aber gerade deshalb ein hohes Maß an flexibler Nutzung erlaubt.

Mit Projektionsflächen wurde zuvor ein halbrunder offener Bühnenraum abgesteckt, der zur offenen Seite von mehreren Reihen roter Matten abgegrenzt wird. Auf dem Boden des Bühnenraumes sind verschiedenen Anhäufungen von Eis zu entdecken. Würfel, Klötze und Blöcke aus Eis sowie gestoßenes Eis, das bereits zu tauen beginnt und den Betonboden zunehmend mit Wasser färbt. Beim

Der Zuschauerraum besteht aus Matten, die auf dem Boden ausgelegt werden.

Auf der Bühne entwickelt sich eine ungeheure Dynamik.

näheren Hinsehen fällt auf, dass in einigen Eisklötzen Gegenstände eingeschlossen sind. Zwischen diesen Eishaufen stehen größere Glasgefäße, hohe schmale und bauchige Glasgefäße. Etwas abseits steht ein aquariumähnliches kugelrundes Glas. Auffällig sind drei Glasvasen, die wie überdimensionierte Reagenzgläser mit Farbe gefüllt sind, mit roter, gelber und blauer Tinte. Eine Papierbahn ist in die Hälfte des Raumes hineingerollt.

Nach einem Begrüßungsvorspiel mit Gitarre treten zwei Frauen auf die Bühne: ein komischer Auftritt, barfuß zwischen dem Eis, ganz in Weiß, aber mit Handschuhen, Mütze und Schal bekleidet. Das Eis erkundend, begleitet von Ausrufen der Überraschung und Lautmalereien, als hätten sie diesen gefrorenen Zustand von Wasser noch nie erlebt, führen sie den Kindern das Material auf fremde und gleichzeitig vertraute Weise vor. Natürlich haben die zuschauenden Kinder alle schon einmal Eis angefasst und wissen, dass das gefrorene Wasser an der Zunge kleben bleibt. Aber ist das Gleiche auch über die Füße erlebbar, im Tanz gemeinsam mit jemand anderem, laut jubelnd eine Eissprache erfindend? Im wahrsten Sinne beeindruckt verfolgen die Kinder das Geschehen auf der Bühne.

Plötzlich entdeckt eine der beiden Spielerinnen einen in einem Eisblock eingefrorenen Fisch – jetzt wird es dramatisch. Nachdem sie den Fisch zuerst liebevoll behütet, hegt und pflegt und die Kinder an ihrem Schatz teilhaben lässt, fällt der Eisblock plötzlich und zerschellt. Der Fisch liegt jetzt nackt auf dem Boden und alle durchfährt ein Schrecken. Was wird der Fisch tun? Zum Glück gibt es das große Goldfischglas, in dem der Fisch ein neues Zuhause findet. Das Spiel kann fortgesetzt werden.

Das Eis hat sich inzwischen weiter verflüssigt und regt an, seinen neuen wässrigen Zustand zu untersuchen.

Kompetenzen im Blickpunkt

Ganzheitliche Förderung:
• sprachliche Kompetenz
• soziale Kompetenz
• visuelle und akustische Wahrnehmungsfähigkeit

Spezielle Förderung:
• Bildkompetenz, Vorstellungsfähigkeit, Fantasie
• kulturelle Kompetenz

Kooperation mit Eltern

Aktives Einbeziehen:
Eltern begleiten Kinder zur Aufführung

Dokumentation:
• Fotowand
• Video
• Interview

Die beiden Spielerinnen entdecken die reagenzglasähnlichen Vasen mit den unterschiedlich farbigen Tinten. Was kann man damit wohl machen? Vorsichtig nähern sich die beiden ihrer neuen Entdeckung. Wieder begleiten sie ihr Vorgehen lautsprachlich und lassen ihre Zuschauer an ihren neuen Erfahrungen mit großen Gesten teilhaben. Da wird die gelbe Farbe vorsichtig in eine randvoll mit Wasser gefüllte Vase geträufelt. Langsam und tentakelartig breitet sich die Farbe aus.

> *Eis, Wasser und Farbe sind Materie an sich, aber auch Anlass zum Experimentieren und zur Imagination.*

Mit einem Finger verrührt und mit der hohlen Hand geschöpft, landet der einstig kleine Tropfen in einem neuen Gefäß. „Gefangen befreit juhuuu gelbibuu!" Jetzt wird gekippt und gemischt. Neue Farben entstehen – wir kennen sie: Aus Gelb und Blau wird Grün. „Mischi maschi masch: Zitronensand und Meer, Meerhimmel und Sonne macht saftig giftige Wiesenwonne."

Wie ist es, wenn die Farbe mit lautem Platsch auf der ausgerollten Papierbahn landet? Dann muss man einfach mit den Füßen hindurchlaufen und Spuren hinterlassen. Man kann aber auch einen Stock nehmen und leise aus der Farbpfütze heraus neue Wege zaubern. Mit offensichtlicher Lust und Freude spielen die beiden Frauen auf der Bühne mit den unterschiedlichen Zuständen von Wasser. Die Farbe ist dabei als ganz eigenes Spiel zu verstehen. Sie hinterlässt die Spuren der Erlebnisse und Erfahrungen mit dem Eis und dem Wasser auf dem Boden auch sichtbar und regt auf diese Weise die Fantasie der Kinder zu eigenen Farbspielereien an. So ist es nicht verwunderlich, dass die Kinder nicht lange zögern, als die Spielerinnen ihnen lange, an einem Ende mit Mull umwickelte Stöcke anbieten und sie auffordern, auf die Bühne zu treten und die Farbenspiele selbst auszuprobieren.

Bereitwillig kommen die Kinder näher, zögernd zunächst, aber ganz aufmerksam. Sie tasten sich, die Stöcke vor sich herführend, in die inszenierte Materialwelt vor. Vorsichtig wird der Stock in den Farbenpfützen gehalten und darin herumgezogen. Die Bilder verändern sich, und auch die Vorsicht verwandelt

sich in lustvolles Ausprobieren. Es geht jetzt nicht mehr nur noch ums Annähern, sondern ums Verwandeln:

- Was ist alles möglich zwischen Wasser, Eis und Farbe?
- Verwandelt sich dunkelrotes Wasser, wenn ich hellrote Tinte und Eis hinzufüge?
- Kann man die Farben im Eis zerlaufen hören?
- Oder färben meine roten Hände meinen Eisblock zwischen den Fingern?

Erfahrungsräume

Durch die Inszenierung von Wasser, Eis und Farbe hatten die Kinder vielgestaltig die Möglichkeit, Transformationsprozesse des Materials wahrzunehmen und zu beobachten. Sie hatten die seltene Gelegenheit wahrzunehmen, ohne unmittelbar handelnd einbezogen zu sein.

Das öffnet völlig neue Erfahrungsräume in der Vorstellung:

- Die Kinder erhielten die Möglichkeit, sich einfach nur vorzustellen, wie es ist, wenn Eis zwischen den Handballen schmilzt und dabei vielleicht die Haut taub macht.

Projektdurchführung

- Auswahl eines Materialthemas
- Impulse entwickeln, die die Kinder ins Spiel mit dem Material kommen lassen
- Inszenierung des Materials über Handlung, Bild, Klang und Sprache
- Aufführung / Inszenierung

Reflexion und weitere Initiativen

- Kinder waren sehr interessiert und begeistert dabei
- weitere Materialinszenierungen möglich
- etablieren eines regelmäßigen Theaterbesuches durch die Kindertagesstätte

- Sie wurden angeregt, sich vorzustellen, wie aus Eiswürfelhaufen Wasserlachen rinnen und wie die Farben ihren Weg im Wasser gehen.
- Sie konnten erahnen, wie sich die vorsichtige Bewegung des Tröpfelns oder die des schwungvollen Ausschüttens auswirken würde.

> *Wahrnehmungserlebnisse können jene seltenen Momente der Kontemplation und der völligen Versunkenheit erzeugen, die so wichtig sind für das Entwickeln innerer Bilder und Imaginationen.*

Die beiden Spielerinnen haben das Material „Wasser" in seinen vielfältigsten Facetten zum Erscheinen und Scheinen gebracht und es so für die Kinder wahrnehmbar gemacht. Sie haben durch ihr Spiel zur eigenen Exploration und zum Experimentieren angeregt. Tragendes Moment ihres Spiels war Langsamkeit, um der Entdeckung und dem Nachsinnen den ihnen gebührenden Platz einzuräumen. Die Geschichte vom Fisch, der in einem Eisblock gefangen war, stellte in der Inszenierung keine Rahmenhandlung dar, sondern wurde von den Spielerinnen wie alle Momente der Berührung, Begegnung und Transformation des Eises als Impuls für die eigene Fantasie eingesetzt.

Materialinszenierungen im pädagogischen Alltag

Wie kommt man zu derartigen Materialinszenierungen?

Möglich sind derartige Inszenierungen mit ganz unterschiedlichen Materialien. Sie setzen jedoch voraus, dass man sich selbst auf vielfältige Weise mit den Materialien auseinandergesetzt und eigene ästhetische Erfahrungen gesammelt hat. Hilfreich ist es im Vorfeld, eine Reihe besonderer Umgangsweisen mit dem Material aufzuspüren und zu entwickeln.

> *Die Leitfrage für eine Materialinszenierung lautet: Wie kann ich mit dem Material umgehen, was kann ich damit tun?*

Um in Auseinandersetzung mit einem Material Erfahrungen zu sammeln, ist es notwendig, zunächst ganz offen an die Sache heranzugehen. Jede/r hat wohl das Bedürfnis, der möglichen Inszenierung eine lineare und stringente Geschichte geben zu wollen. Es soll „etwas" erzählt werden. Davon muss man sich befreien. Im ersten Schritt ist es nur wichtig, herauszufinden und zu erforschen, was mit dem Material alles getan werden kann. Eine Handlung mit sofort erschließbarem Sinn ist nicht notwendig.

Spannend für Kinder ist neben den Materialien Eis und Wasser besonders das Naturmaterial Holz. Im Umgang mit ihm sind vielfältige sinnlich erfahrbare Transformationsprozesse vorstellbar. In der Natur, auf einem Waldspaziergang finden wir Baumstämme, vom Sturm entwurzelte, vom Förster gefällte. Manchmal liegen auch hohle Stämme herum, durch die sich gut kriechen lässt. Es gilt, unterschiedliche Äste und Zweige zu entdecken, welche, die sich leicht biegen lassen, wie etwa Weiden- oder Haselnusszweige, andere, die im trockenen Zustand schön knacken, wenn sie gebrochen werden, Äste mit Nadeln, Äste mit Laub, die sich zum Auspeitschen eignen und dabei die Luft zum Vibrieren bringen.

Die Kinder kennen meist unterschiedliche Formen von Holz, die Holzscheite am Lagerfeuer, die Baumscheibe, auf der sich so wunderbar ein Gärtlein bauen lässt, die Rinden und natürlich das Brett. In Geschichten, Mythen und Märchen ist der Wald, Holz im weitesten Sinne also, ein Ort, der bewohnt ist von Waldgeistern, Feen und Trollen. Holz ist ein Material, aus dem eine menschliche

Die Kinder versinken vollkommen in dem, was sie tun.

Skulptur geformt werden kann, das kennen die Kinder aus der Geschichte über Pinocchio. All dieses Wissen kann durch einen Waldspaziergang und durch das Sammeln des Materials wieder hervorgelockt werden und in die folgende Inszenierung einfließen.

Im ersten Schritt kann der Raum derart mit dem Material Holz gestaltet werden, dass die Vielfalt des Materials auf einen Blick wahrnehmbar ist. Darüber hinaus sollte das Material so angeordnet sein, dass eine intensive forschende Erkundung möglich ist. Vielleicht wird der gesamte Bühnenraum mit Holzästen ausgelegt. Vielleicht sind einige Äste auch miteinander verbunden wie bei einem Floß. Ein großer Baumstamm wäre wunderbar geeignet, um durch diesen hindurchzukriechen und ihn dann von innen heraus zum Leben zu erwecken. Das Lebendige kann natürlich auch, in Anlehnung an die Figur Pinocchio, vor den Kindern gebaut und zum Erscheinen gebracht werden. Eine Axt und eine Säge könnten helfen, das Material in Stücke zu zerlegen.

Sicherlich entstehen dabei auch Sägespäne, die wiederum von den Kindern untersucht werden können.

Was könnte man zum Beispiel mit Ästen alles tun? Man könnte sie aufeinanderschichten, parallel, kreuzweise, haufenweise. Man könnte sie mit Händen und Füßen brechen. Äste könnten gebogen oder hoch in die Luft geworfen werden. Sie könnten wie eine Flöte in den Mund genommen werden. Man könnte Ast für Ast nebeneinanderlegen und darauf gehen wie auf einer Brücke. Es könnten aus Ästen kleine Zelte aufgebaut und etwas darunter verborgen werden. Äste können vergraben werden, so, wie ein Hund seinen Knochen verbuddelt. Die weiche Rinde von Ästen lässt sich abschälen, mit den Fingern oder den Zähnen. Werden Äste schnell zwischen unseren Händen hin und her bewegt, entsteht Wärme.

Wie bei dem Stück „Platsch", in dem Eis auf vielfältige Weise in Geschichten eingebunden, transformiert wurde, muss das Holz in all seinen Facetten vorab von den Erzieherinnen un-

tersucht und erforscht werden. Die Entdeckungen, die sie dabei machen, werden den Kindern auf der Bühne gezeigt, über das Spiel mit dem Material, das einlädt mitzuspielen, mit zu forschen und zu entdecken.

Steht ein solcher Pool an Erfahrungen bereit, entsteht der erste Eindruck, mit welchem Erfahrungsmaterial wir weiterarbeiten möchten. Welcher Umgang hat am meisten bewegt, wäre eine Frage. Welche Materialhandlung macht neugierig, mehr zu erfahren als eine andere. Haben sich eventuell sogar schon rituelle Handlungen oder Spielformen mit dem Material ergeben?

Die Verknüpfung und Erweiterung derartiger Handlungen und Spielformen zusammen mit einer bewussten Raumgestaltung, die dieses besondere Spiel trägt, führen zu den Materialinszenierungen, die die Kinder über das eigene Erleben zu inneren und äußeren Bildern anregen. Hilfreich für derartige Unternehmen ist es, einen Raum in einer Kindertagesstätte zu „reservieren", der leer bleibt und in wiederkehrendem Rhythmus mit unterschiedlichen Materialien bespielt werden kann (siehe auch Bohnenpotporri, S. 36).

Möglich wäre es auch, die Eltern an besonderen Ereignissen teilhaben zu lassen, zum Beispiel im Rahmen eines Festes für Kinder und Eltern gemeinsam. Die Eltern hätten damit die Chance, an den aktuellen ästhetischen Erfahrungsräumen der Kinder teilzunehmen und diese im Sinne eines gemeinsamen Erlebnisses in die Familie zu tragen.

Im Anschluss an die Materialinszenierungen könnte der Raum der Materialinszenierung als temporäres Atelier genutzt werden, in dem die Kinder ihre Eindrücke aus Theater und Aufführung Gestalt werden lassen. ◄

Verpacken, verhüllen und vermummen

Erste Schritte zu Skulptur und Installation

Kirsten Winderlich unter Mitarbeit von Nathalie Krebel und Diana Zill | Fotos: Nick Ash

Kinder bauen und konstruieren mit Vorliebe. Auch das plastische Gestalten mit Ton wird meistens mit großer Freude und Lust angenommen. Beim Bauen und Konstruieren wie beim plastischen Gestalten mit Ton kommen jüngere Kinder jedoch schnell an ihre Grenzen. Sie wollen große Dinge herstellen, aber dem Wunsch nach raumgreifenderen Arbeiten kann hier nur mit handwerklichen Fähigkeiten und Fertigkeiten nachgekommen werden. Die Frage ist, wie dem Bedürfnis jüngerer Kinder nach skulpturalen und installativen Gestaltungen entsprochen werden kann, ohne sie dabei zu überfordern oder zu frustrieren.

Altersgruppe
Kinder im Alter
von 3 bis 5 Jahren

Räumliche Voraussetzungen
- bekannter Gruppenraum
- unbekannter Raum

Materialien
- unterschiedliche
  Verpackungsmaterialien
- Tesakrepp
- Schnur
- Koffer mit den
  Kleidungsstücken der Kinder

Die beiden folgenden Praxisbeispiele stellen zwei Möglichkeiten vor, Kindern basale ästhetische Erfahrungs- und Gestaltungsräume in Bezug auf Skulptur und Installation zu eröffnen.

Projekt 1:
Lieblingssachen verpacken
Insbesondere jüngere Kinder verpacken liebend gern Dinge. Währenddessen vergewissern sie sich immer wieder des Inhalts. An einem tragfähigen „Kern" ausgerichtet, gelingen dann auch größere Skulpturen. An das Interesse am Verpacken anknüpfend, können Kinder also auch zu Bildhauern werden.

Das Vorhaben bekommt ein klares Ziel: Lieblingsdinge der Kinder werden verpackt und in der Kindertagesstätte ausgestellt. Die Eltern werden zur Ausstellung eingeladen und müssen erraten, was sich unter den Verpackungen versteckt.

Notwendig ist dafür vielfältiges Verpackungsmaterial, zum Beispiel Packpapier in unterschiedlichen Stärken und Formaten, Folien, Tesakrepp-Band und Schnüre. Konkrete Aufgabe der Kinder ist es, die Lieblingsgegenstände oder auch -möbel so zu verpacken, dass sie nicht mehr eindeutig erkennbar sind, aber dennoch von der Form her ertastbar oder erkennbar bleiben.

Eine besondere Herausforderung für die Verpackungskünstler sind größere Gegenstände und Möbel.

Durch die Verpackungsaktion nehmen die Kinder aus dem Alltag bekannte Objekte in unerwarteter, völlig neuer Weise wahr und lernen, sie aus einer anderen Perspektive zu betrachten. Ein beliebtes Verpackungsobjekt ist zum Beispiel der Stuhl. Sind die Kinder gewohnt, auf dem Stuhl Platz zu nehmen, sitzen sie während der Verpackungsaktion neben dem Objekt und nehmen dieses aus einer ungewohnten Perspektive wahr. Darüber hinaus erhalten die Kinder die Chance, das Möbel in seiner Komplexität wahrzunehmen. Dass ein Stuhl in der Regel vier Beine hat, wissen die meisten Kinder mit vier und fünf Jahren. Wie die Stuhlbeine zueinander stehen und diesen wiederum die Sitzfläche zugeordnet ist, ist den Kindern vermutlich kaum bewusst. Das Verpacken eines größeren Möbelstücks erfordert Ausdauer, Feinmotorik und Geschick. Frustrationstoleranz ist dabei genauso gefordert wie Kreativität.

Während des Verpackens sind die Kinder dem Verpackungsgegenstand ganz nah. Dieses wird besonders deutlich, wenn es sich bei dem Objekt um ein geliebtes, größeres Stofftier handelt.

Wie verpacke ich einen Stuhl, ohne dass die Form des Stuhles verschwindet?

Clara verpackt ihr Plüschpferd
Vorsichtig, immer wieder streichelnd und abtastend, nähert sich Clara erst den Extremitäten, der Schnauze und den Beinen. Häufig tritt sie zurück und betrachtet das sich wandelnde Pferd mit Erstaunen. Auffällig ist, dass sich Clara nie nur visuell der Form rückversichert, sondern immer auch über den Tastsinn. Das Streicheln und Umarmen ist hierbei jedoch nicht in erster Linie als Liebkosung zu verstehen, sondern als erkundende Wahrnehmung, die dem Mädchen die Form und Gestalt ihres Stoffpferdes auf besondere Weise vermittelt.

Im nächsten Schritt nimmt sich Clara den Rumpf des Pferdes vor. Diesen zu verpacken, ist keine leichte Aufgabe, muss sie doch das Papier anders berechnen und beim Einhüllen die Oberarme einsetzen, das Papier am Rumpf

Clara erfindet ihr Plüschpferd beim Verpacken für sich neu: haptisch und emotional.

des Pferdes festhalten und gleichzeitig Klebestreifen befestigen. Obwohl Clara das Stoffpferd so nah ist, obwohl sie es schon häufig umarmt hat, ist sie durch die Aktion des Verpackens veranlasst, Form und Körper des Pferdes bewusster wahrzunehmen. Es bildet sich hier eine ästhetische Erfahrung aus, die es möglich machen wird, sich der Tiergestalt in späteren skulpturalen Gestaltungsprozessen zu erinnern.

Die Einrichtung nimmt neue Formen an

Nach und nach verändert sich der Raum durch die verpackten Gegenstände. Die ursprünglichen Funktionen der Möbel und Gegenstände des Kindergartenalltags sind nur noch in Spuren erinnerbar. Darin liegt das Potenzial für weitere Impulse im Bildungsbereich. Durch die Aktion und Verwandlung liegt ein besonderer Zauber im Raum und regt an, bekannte Geschichten hervorzuholen. Erinnert dieser neue Raum nicht an das Märchen von Dornröschen und seinen hundertjährigen Schlaf?

Projekt 2:
Verborgenes neu ertasten

So, wie der Raum im vorangegangen Beispiel gemeinsam mit den Kindern Stück für Stück verzaubert wurde, ist es ebenso vorstellbar und verlockend, die Kinder mit bereits verhüllten Objekten zu konfrontieren und auf diese Weise ihren taktilen Wahrnehmungssinn herauszufordern. Immerhin spielt der Tastsinn für das skulpturale Gestalten eine basale Rolle.

Für ein derartiges Projekt sind unterschiedliche Gegenstände notwendig, die den Kindern aus dem Alltag bekannt sind. Wunderbar eignen sich hierbei Dinge aus der Küche oder aber auch Spielzeug. Sind die Objekte in dünne, aber blickdichte Stoffe gehüllt, ließen sie sich auf einem Tisch wie in einer Ausstellung präsentieren. Wenn die Kinder sich darauf

---

Kompetenzen im Blickpunkt

Ganzheitliche Förderung:
- räumliche Orientierung
- visuelle und taktile Wahrnehmungsfähigkeit

Spezielle Förderung:
- plastisches Gestalten
- Körper-Raum-Wahrnehmung

Kooperation mit Eltern

Dokumentation:
- Fotodokumentation
- Ausstellung

einlassen, könnte das Tasterlebnis intensiviert werden, indem sie sich mit verbundenen Augen mit den Objekten auseinandersetzen.

> *Ästhetische Bildungsprozesse bedeuten immer auch die Bildung von Sprache: Auch Sprache kann gestaltet werden.*

Der Prozess des Ertastens wird mit dem Sprechen verbunden. Meistens bedarf es keiner ausdrücklichen Aufforderung, die Kinder zum Sprechen zu bringen. Die ungewohnte Erfahrung, einen Gegenstand nicht zu sehen, sondern im wahrsten Sinne des Wortes zu be-greifen, reicht aus, um das Ungewohnte und Neue auch sprachlich zu kommentieren. Bemerkenswert ist dabei, dass es sich bei den Äußerungen der Kinder nur selten um kurze Ein-Wort-Kommentare, um ein Raten, handelt, sondern dass die sprachliche Begleitung sich zu einer dichten Beschreibung ausdifferenziert. Da kommen durchaus auch Wortschöpfungen heraus, über die

die Kinder hinterher häufig selbst überrascht sind. Es fallen Worte wie „gebogengroß" für den Henkel einer Tasse, „riffelgrasig" für ein Teesieb oder „Huffuß" für ein Schaufelblatt ohne Stiel.

Projekt 3:
Körperskulpturen und lebende Plastiken

Mit Kassenrollenpapier wickeln sich die Kinder wie Mumien ein. Das kann in Partnerarbeit geschehen oder aber auch allein, indem sich ein Kind über eine auf dem Boden ausgelegte Papierbahn rollt und dabei das Papier um den Körper wickelt. Noch spannender ist es jedoch, in der Bewegung erstarrte Körper zu verhüllen. Eine Möglichkeit wäre, nach Musik zu tanzen und beim Ausbleiben der Musik in der aktuellen Position und Haltung zu verharren. Mit Zellulosepapier auf Rollen könnte eine Gruppe der Kinder die in der Bewegung verharrenden Kinder einwickeln. Dabei ist es für die meisten Kinder ein besonderes Vergnügen, die erstarrte Bewegung zu halten.

Die verpackten Körper sollten unbedingt fotografiert werden, denn erfahrungsgemäß haben die Körperskulpturen keine lange Lebensdauer.

Erste Schritte zur Skulptur und Installation

Es gibt unendlich viele Ideen, den eigenen Körper, Objekte und Räume zu verfremden und neu zu erfahren, einige Beispiele:

- bekannte Dinge und Objekte verpacken
- Körper verhüllen
- Körperbewegung „einfrieren" und verpacken
- sich verhüllt bewegen
- Räume mit Dingen auslegen, z. B. mit Kleidungsstücken
- mit leeren Kartons neue Wände bauen, Labyrinthe im Zimmer herstellen
- mit Tüchern die Decke abhängen, dass der Raum nur noch kriechend durchquert werden kann
- mit farbigem Klebeband die Raumwahrnehmung verändern
- aus alten Telefonbüchern im Raum Berge aufschichten, Wälle bauen
- Boden verändern, z. B. durch das Auslegen von Stöcken
- mit Kassenrollenpapier ein Netz auf dem Boden auslegen
- mit Schnur ein dreidimensionales Netz im Raum knüpfen

Projektdurchführung

- Materialbereitstellung bzw. -beschaffung
- Aufforderung der Kinder, ihre Lieblingsgegenstände bzw. sich selbst zu verpacken/verkleiden
- Erraten/Betrachten/Bezeichnen der einzelnen Gegenstände/Kleidungsstücke
- Auftragen der Schichten zur Verfremdung
- Inszenierung der verfremdeten Gegenstände
- Dekonstruktion/Wiederherstellen des urspünglichen Zustands

Reflexion und weitere Initiativen

- wichtig ist, den Kindern Zeit zu lassen, denn sie identifizieren sich intensiv mit dem veränderten Raum/Körper
- auf Wunsch Hilfen zum Erkunden von Objekt/Raum geben
- verpackte Objekte ggf. an einem Extra-Ort ausstellen, um die Tätigkeit der Kinder zu würdigen und das Skulpturale ihres Schaffens hervorzuheben
- Verkleiden macht Spaß, aber eher an kühleren Tagen

Die Koffer werden ausgepackt,
es folgt die Inventur.

Das Anziehen beginnt,
Schicht für Schicht.

Projekt 4:
Kleiderordnung (en)

Kinder haben auch ein großes Interesse daran, sich selbst zu verpacken. Sie verhüllen, vermummen und verkleiden sich – immer gern und immer wieder aufs Neue. Dabei ist von besonderem Reiz, dass das Material, das Schicht auf Schicht den Körper umwickelt und umhüllt wie eine zweite Haut, wie ein Kokon, den eigenen Leib spürbar macht und gleichzeitig wie ein Haus schützt.

Das Thema des Verhüllens und Vermummens des eigenen Körpers hat Diana, Studentin und Praktikantin in einer Berliner Kindertagesstätte, aufgegriffen. Über einen Brief an die Eltern hat sie gebeten, den Kindern einen Koffer gefüllt mit Hosen, Pullovern, Mützen, Schals, Handschuhen usw. mitzugeben. Den Kindern hat sie angekündigt, dass sie auf eine Reise gehen werden. Sie sollen Gelegenheit haben, zu erfahren, wie es sich anfühlt, Kleidungsschicht über Kleidungsschicht zu legen und sich zu vermummen. Anschließend können sie sich ebenso lustvoll wieder enthüllen – Schicht für Schicht. Diana wollte mit den Kindern zweierlei herausfinden: zum einen, wie sich die eigene Bewegung im Raum verändert, wenn man sich dick verhüllt und vermummt durch ihn bewegt, und zum anderen, wie sich der Raum durch die Kleidungsstücke verändert.

Nachdem die Kinder an einem Sommertag gespannt mit Koffern im Kindergarten angekommen sind, fahren sie gemeinsam mit dem Fahrstuhl in den Bewegungsraum, der für die Aktion leer geräumt worden ist. Hier packt jedes Kind seinen Koffer aus und versieht jedes einzelne Kleidungsstück mit einem individuellen Zeichen. Die Zeichen werden individuell und seriell auf Tesakrepp-Band gemalt. Sie ermöglichen nicht nur die Wiedererkennung, sondern vor allen

Im Gegenteil, denn ein besonders spannendes Moment ist für viele Kinder, sich im Anschluss an das Verhülltwerden von der zweiten Haut zu befreien. In diesem Moment wird die eigene Kraft und Bewegungsfähigkeit sehr deutlich gespürt.

Anhand der Fotos studieren die Kinder im Nachhinein die Körperhaltungen. Sie sollten dabei nicht nur betrachtet, sondern unbedingt auch nachgestellt werden. Dieses Nachahmen der Körperhaltungen ist für viele Kinder nicht leicht, erfordert es doch eine Koordinierung zwischen dem Gesehenen und der eigenen Körperwahrnehmung. In diesem Prozess ist es durchaus sinnvoll, wenn die anderen Kinder dazu angehalten werden, die Körperhaltungen der jeweilig Nachahmenden zu korrigieren.

Eine andere Möglichkeit, das Verhüllen zu einem Moment für grundlegende skulpturale Erfahrungen am eigenen Leib zu machen, sind die sogenannten „lebenden Plastiken". Die Kinder schlüpfen dafür in Gazeschläuche und beginnen, sich langsam zu bewegen. Die Flexibilität der Hülle ermöglicht es ihnen, die Körperhaltung immer wieder zu verändern. Bei dieser Aktion macht es Sinn, die Gruppe zu teilen: in Akteure und Beobachter.

Falls auch Vorschulkinder beteiligt sind, ist es sinnvoll, wenn die beobachtenden Kinder die Verwandlung der Bewegung und Form zeichnen. Hierfür können mehrere Staffeleien nebeneinander aufgestellt werden, die sequenzielles Zeichnen ermöglichen. Wenn die Bewegungsabfolge mit einer Digitalkamera aufgenommen wurde, kann der Film im Anschluss in Form eines Daumenkinos betrachtet werden.

Dingen eine Inventarisierung der mitgebrachten Stücke. Den Kindern wird beim Auszeichnen bewusst, welche Kleidungsstücke sie in ihrem Koffer haben und wie viele davon zur Verfügung stehen.

Als die Kinder alle mitgebrachten Kleidungsstücke übereinandergezogen haben, beginnen die Ersten bereits, durch den Raum zu kugeln. Das Fallen ist so gut gepolstert, also kein Problem. Auch das Herumkugeln fällt leichter.

Die Kinder haben allen Freiraum, sich in der eigenen Vermummung und mit dem neuen, unbekannten Körpergefühl im Raum zu bewegen. Sie können sich erproben und ihre persönlichen Grenzen austesten. Dann erhalten sie besondere Aufgaben, die das Vermessen des Raums mithilfe des eigenen Körpers zum Gegenstand haben:

- Wie viele Körperrollen braucht ihr, um von der einen Seite zur anderen Seiten zu gelangen?

- Wie viele Kinder müssen Bauch an Rücken stehen, um die ganze Wandseite auszufüllen?

Das Anziehen von Kleidungsstücken in mehreren Schichten, das Verhüllen macht den eigenen Körper spürbar, sensibilisiert die Körperwahrnehmung.

Im Anschluss an diese Übungen entblättern sich die Kinder wieder, sie ziehen sich ihre Kleidungsstücke vom Leib. In immer variierenden Anordnungen bestücken sie damit den Boden und erfahren auch auf diese Weise etwas über Länge, Breite und Fläche des Raumes.

Die Kleidungsstücke auf dem Fußboden regen die Kinder an, Muster zu legen. Dabei variieren die Auslegungen zwischen Farben und Formen. Die Kleidungsstücke werden nicht einfach hingelegt oder auf den Boden geworfen, sondern bewusst austariert. Es macht einen Unterschied, ob ein Schal glatt ausgelegt, gefaltet oder gedreht und geknotet auf den

Boden gelegt wird. Es macht einen weiteren Unterschied, ob die Kleidungsstücke nach Farben, Größen oder Funktion sortiert werden.

Vermummen als Performance

Es wird deutlich, dass die Aktionen um das Verkleiden, Verhüllen und Vermummen eine starke Nähe zur Performance haben, zu bewusst ausgewählten und mit Präzision durchgeführten Handlungen an einem bestimmten Ort zu einer bestimmten Zeit. Der Unterschied zu der Performance beispielsweise im Projekt „Das Zauberbett" (S. 52) ist hier jedoch, dass die Kinder sie weniger durchführen, um sich in eine Geschichte einzufühlen oder eine Geschichte zu erzählen, als vielmehr, um einen Gegenstand, ein Objekt oder den Raum zu erforschen. Der den Kindern bekannte und vertraute Raum wird durch derartige Aktionen des Verpackens, Vermummens und Auslegens verfremdet und der Wahrnehmung erneut ausgesetzt.

Im Zuge des Verhüllens und Auslegens, des Verfremdens des Bekannten, werden darüber hinaus grundlegende Erfahrungen von Form und Gestalt, also wichtige Voraussetzungen für das skulpturale Arbeiten geschaffen. Durch die Handlung des Auslegens, des Sortierens und Anordnens im Raum entfalten die Kinder sogenannte Kartierungs- und Mappingprozesse, die ihnen helfen, den Raum zu vermessen, und ihnen das Spiel mit den Anordnungen nahebringen. Spielerisch erschließen sie so grundlegende Voraussetzungen für die ästhetisch-künstlerische Arbeit im Kontext der Installation. ◄

Räume vermessen.

Das Zauberbett – eine Geschichte geht auf Reisen

Eine Erzählreise für Kinder von 3 bis 6 Jahren

Text: Martina Pfeil | Fotos: Nick Ash

Beim Erzählen von Geschichten und beim Betrachten von Bilderbüchern öffnen sich Erfahrungs- und Ausdrucksräume, die Teil des ästhetischen Bildungsprozesses sind. Doch was muss geschehen, damit dies gelingt? Wie können Vorlesesituationen gestaltet, wie Erzählanlässe eröffnet werden? Welche Impulse bietet die räumliche Verortung der Lese- bzw. Erzählsituation? Wie können Geschichten weiterführend mit anderen Materialien und Objekten verarbeitet und weitergedacht werden? Auf welche Weise kann die sprachliche Kompetenz gefördert werden?

Altersgruppe
Kinder im Alter
von 3 bis 6 Jahren

Räumliche Voraussetzungen
- Außengelände/Garten
- ggf. Park

Materialien
- Bett
- weiße Bettlaken
- Ölkreiden

Mögliche Bilderbücher
- John Burningham:
  Das Zauberbett. Carlsen,
  Hamburg 2004
- Theodor Storm:
  Der kleine Häwelmann.
  Es gibt mehrere Ausgaben,
  z. B. Aufbau, Berlin 2007
  (mit Illustrationen von
  Henriette Sauvant)
  oder Loewe, Bindlach 2008
  (mit Illustrationen von
  Regine Altegoer)

Die Idee zum Projekt

Das Bilderbuch „Das Zauberbett" von John Burningham erzählt die Geschichte des kleinen Jungen Tim, dessen Bett mit dem passenden Zauberwort abends nach dem Zubettgehen in die nächtlichen Lüfte steigt und zu unbekannten Orten fliegt. Die Geschichte ist einfach erzählt und entführt den Leser bzw. Zuhörer mithilfe dieses ungewöhnlichen Flugobjekts in ganz unterschiedliche Welten. Vom Dschungel ans Meer, vom Elfenland zum Blocksberg, man trifft Zwerge, Tiger, Wildgänse und Piraten. Da es Tim gelungen ist, das Zauberwort zu finden, kann er jede Nacht zu neuen unbekannten Orten aufbrechen.

Die Vorlesesituation

Ein Kinderbett aus Holz steht im Freien unter einem großen Baum, auf der weißen Matratze liegt das Buch vom Zauberbett. Die Kinder umkreisen zunächst das Bett, benennen, befragen das Bett (Ist das das Zauberbett?) und greifen vorsichtig nach dem Buch. Die Platzierung des Bettes im Freien, im Außenraum statt im ge-

wohnten Innenraum, erregt die Aufmerksamkeit und befördert die Wahrnehmung für das Alltagsobjekt Bett. Diese Art Verschiebung vom bekannten Kontext des Zubettgehens, des Vertrauten, des Schlafens, der Stille, des sicheren und geschlossenen Raumes, der mit dem Bett verbunden ist, hin zum Kontext des offenen Raumes des Freien, der Geräusche, des Entdeckens und des Unbekannten, ermöglicht neue Betrachtungen des Objekts „Bett". Es setzt die Fantasie rund um diesen Gegenstand in Gang.

> *Vertraute Gegenstände gewinnen durch ungewohnte Inszenierungen an Magie: Vieles wird plötzlich möglich.*

Die Kinder werden eingeladen, sich auf dem Bett zu versammeln. Alle rücken zusammen, damit jeder und jede die Bilder sehen und die Geschichte hören kann. Immer wieder wird das Vorlesen durch Nachfragen der Vorleserin unterbrochen. Sie versucht herauszufinden, welche Schilderungen, Landschaften und Gegenstände der Geschichte den Zuhörenden vertraut ist, welche besonderes Interesse wecken und was vielleicht auch geklärt werden muss. Es ist zu beobachten, dass die Vorlesesituation im Freien die Aufmerksamkeit der Kinder immer wieder umherschweifen lässt. Sie schauen in den Himmel, blicken um sich, ergründen, was sich im näheren Umfeld des Bettes befindet. Fallende Baumblätter wecken die Aufmerksamkeit und durch Herauslehnen aus dem Bett wird versucht, die Weite des Geländes zu erfassen.

Das Bett zum Fliegen bringen – ein großer Zauber wirkt.

Im Baum wohnen Elfen und Kobolde.

Die Abenteuerlichkeit, der Erkundungscharakter der Geschichte wird gleichsam spürbar in dieser Vorlesesituation im Bett mitten in einem freien Gelände. Die Atmosphäre knüpft an die Erfahrung des Protagonisten Tim in der Geschichte an, der mit seinem Bett abhebt und über die Häuser hinweg zu unbekannten Orten aufbricht. Hier vermischt bzw. verstärkt sich die reale Atmosphäre des Freigeländes. Die fiktionale Ebene der Geschichte, der Übergang zwischen Fantasie und Realität wird durchlässig.

Die Geschichte weiter-„spinnen"

Das Buch wird zur Seite gelegt und das Bett rückt erneut in den Fokus der Aufmerksamkeit. Ist es vielleicht sogar auch ein Zauberbett? Die Kinder werden aufgefordert, es auszuprobieren. Alle klettern aus dem Bett und stellen sich um es herum. Ein Kind legt sich als Erstes in das Bett, spricht ein selbst erdachtes Zauberwort, das Bett hebt langsam vom Boden ab, denn alle helfen mit, das Bett zum Fliegen zu bringen. Das Kind wird im Bett von den anderen durch das Gelände getragen und landet nach einer Weile an einem großen Baum.

Die Vorleserin behauptet, der Baum sei die Wohnung von sehr kleinen Elfen und Kobolden, die gerade alle zusammensitzen und ein Lied singen. Sie fordert die Kinder auf, am Stamm des Baumes zu horchen, ob das Lied zu hören ist. Einige Kinder glauben, etwas zu hören und „spinnen" die Geschichte weiter. Andere hören nichts und haben viel mehr Interesse, mit dem Bett weiterzufliegen. Also geht die Reise weiter, ein weiteres Kind legt sich in das Zauberbett, spricht sein Zauberwort, und das Bett hebt aufs Neue ab, um an einem anderen Ort zu landen.

Jeder Ort wird durch einen Impuls der Erzählerin zu einem behaupteten, vorgestellten Ort. Mal werden die wilden Erdbeeren am Rand des Geländes als Dschungel eingeführt und die Kinder zu Tigern, die Erdbeeren essen wollen. Ein andermal ist die Landung nah eines schattigen Pavillons Grönland und man begrüßt sich mit einem Nasenstüber.

> *Die Entdeckungsreisen im fliegenden Bett ermöglichen körperlich-sinnliche Erfahrungsräume zum Thema Fliegen und befördern die Erkundungs- und Wahrnehmungsfähigkeit durch das Behaupten „neuer" Landschaften und Orte.*

Auch die Flugsequenzen sind ganz unterschiedlich. Einige Kinder legen sich hin und halten die Augen während des ganzen Fluges geschlossen, andere liegen ebenfalls und schauen in den Himmel, wieder andere sitzen aufrecht im Bett.

Kompetenzen im Blickpunkt

Ganzheitliche Förderung:
- sprachliche Kompetenz
- soziale Kompetenz
- visuelle, akustische, vestibuläre Wahrnehmungsfähigkeit

Spezielle Förderung:
- Bildkompetenz
- Literacy

Kooperation mit Eltern

Aktives Einbeziehen:
- Bettlaken werden den Eltern gezeigt und gemeinsam genutzt
- Bettlaken wandert nach Hause

Dokumentation:
- von den Kinder gestaltetes Buch mit aufgeschriebener Erzählung
- Fotoausstellung
- Fotobilderbuch

Den Erfahrungen nachgehen

Nachdem alle Kinder einen neuen Ort entdeckt haben, landet das Bett auf einer Freifläche, einer Wiese, auf der weiße Bettlaken ausgebreitet sind. Die Kinder können jetzt ihren Reiseerlebnissen mit Wachsstiften auf den großflächigen Stoffen Ausdruck verleihen. Es entstehen zum Teil kleine Zeichnungen, nur ein Bruchteil der weißen Fläche wird genutzt, aber auch großflächige, fast rhythmisierte Zeichnungen, die an die Dynamik einer Reise, eines Abenteuers erinnern. Zum Ausdruck gebracht werden Dinge und Erlebnisse, die sowohl im Buch als auch in der Erkundung des Geländes aufgetaucht waren wie ein Boot, wilde Tiger oder der Moment der Flucht, aber auch Dinge, die den Kindern weder im Buch noch auf der Reise begegnet waren wie beispielsweise ein Pferd oder ein Kapitän auf einer Art Hightech-Schnellboot.

Gemeinsamer Abschluss

Die Kinder wandern von Laken zu Laken und erzählen sich gegenseitig, was sie gemalt haben, was sie bewegt und interessiert. Dann kommen alle in der Mitte der Wiese ein letztes Mal mit ihren „Reisedecken" zusammen, machen es sich auf dem Rasen bequem, indem sie unter die Laken krabbeln. Sie versteckten sich, tauchten wieder auf, mummelten sich darin ein und bleiben noch eine Weile in ihrem Zauberbett liegen.

Wir schauen zurück – Projektauswertung

Die Erzählreise mit dem Zauberbett greift verschiedene Ebenen auf, die in der Beschäftigung mit einem Bilderbuch zusammenfließen können:

- das Benennen, Definieren und Erklären,
- das Deuten und
- das Fantasieren.

In Zeichnungen und Bildern setzten die Kinder die Fantasiereise fort.

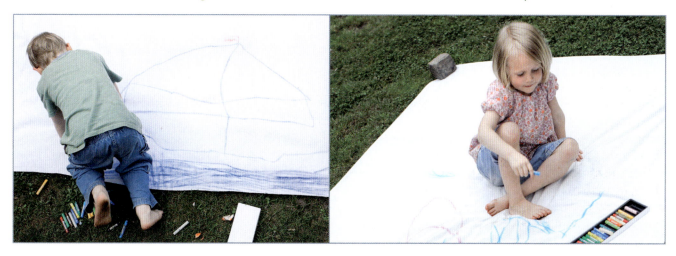

Projektdurchführung

- Bilderbuch auswählen
- gemeinsames Betrachten
- Inszenierung der Geschichte über den besonderen Vorleseort (hier: des Bettes) und die Performances an den unterschiedlichen Orten
- malen zu den Eindrücken, Erinnerungen und Imaginationen
- zudecken, ausruhen und sacken lassen

Reflexion und weitere Initiativen

- Aufmerksamkeit der Kinder durch performatives Lesen und Betrachten der Bilderbücher hoch
- Ausweitung des singulären Ereignisses zu Bilderbuch-Ausflügen

Sie entwickelt sie über das Vorlesen hinaus weiter, in Form von Ortserkundungen, bildnerischen Ausdrucksräumen und damit verbundenen Erzählanlässen. Die Idee hierbei ist, den Wahrnehmungen, Deutungen und Fantasien der Kinder, die durch die Rezeption der Geschichte entstanden sind, einen weiterführenden Raum zu geben, in dem all das sowohl sprachlich als auch gestalterisch und körperlich weiterentwickelt werden kann. Gelingt dies, kann die Erzählung vielfältigen Ausdruck finden.

Geschichten hören

Die Situation des Vorlesens, wie sie im ersten Teil der Erzählreise „Das Zauberbett" etabliert wird, ermöglicht den Kindern, die Geschichte kennenzulernen und im Wechselspiel von Zuhören und Sprechen eine erste Aneignung zu entwickeln. Hierbei hat sich gezeigt, dass die Platzierung des Bettes im Außengelände zum einen eine gesteigerte Neugierde und damit Aufmerksamkeit hervorruft (die Kinder versammeln sich, bevor es überhaupt losgeht, bereits am Bett, stellen Vermutungen an etc.), gleichzeitig ist die Vorlesesituation selber nicht so intim und abgeschirmt, wie es beispielsweise in der Kuschelecke einer Kita der Fall ist. Der weite Raum

lenkt zwar die Aufmerksamkeit immer wieder vom Buch und der Lesesituation weg, gleichzeitig bietet er vielfältige Anregungen und Impulse, die in das erneute Zuhören und Sprechen einfließen. Die Vorlesesituation gestaltete sich so sehr lebendig, wobei das Bett als gemeinsame „Leseinsel" eine hilfreiche Rahmung für die Situation war. Wichtig ist, zu Beginn darauf zu achten, dass bei mehreren Kindern jedes eine Position in dem doch engen Raum Bett einnimmt, die bequem ist und von der aus der Geschichte visuell und akustisch gut gefolgt werden kann, um zusätzliche Unruhe zu vermeiden. Um bereits die Tür zur weiterführenden Auseinandersetzung mit der Geschichte zu befördern, sollte der dialogische Charakter der Vorlesesituation vor allem genutzt werden, um erste Deutungen und Fantasien der Kinder hervorzulocken, an die im weiteren Verlauf angeknüpft werden kann.

Geschichten entdecken

Im zweiten Teil der Erzählreise „Das Zauberbett" wurde das Motiv des fliegenden Bettes handelnd aufgegriffen, indem jedes Kind nacheinander im Bett zu einem neuen Ort auf dem Gelände „flog". Mit fließendem Übergang wurde die Geschichte

raumgreifend weitergeführt. Deutlich war, dass der Akt des Fliegens besonders spannungsgeladen und mit hoher Aufmerksamkeit vollzogen wurde. Es gab regelrechte Rangeleien darum, wer als nächstes fliegen dürfe. Einige Kinder hielten sich zunächst auch zurück, als ob sie dem fliegenden Bett nicht ganz trauten. Weder andere waren ausschließlich an den Flugsequenzen interessiert und wollten gar nicht zur Landung ansetzen.

Das Angebot, innerhalb des Außengeländes fiktive Orte zu entdecken, an denen die Geschichte vom Zauberbett weitererzählt wird, wurde von den Kindern teils interessiert, teils sehr verhalten aufgegriffen. An die sehr offenen Impulse der Vorleserin wurde kaum durch eigene weiterführende Fantasien angeknüpft. Die Kinder nahmen teilweise eine eher abwartende, betrachtende Haltung ein oder reagierten ganz konkret auf das, was an dem Ort tatsächlich vorzufinden war, wie zum Beispiel ein Kaninchenstall. So vollzogen sie die einzelnen Ortserkundungen sehr individuell

Tagträume.

Kleine und Große ruhen sich von der Zauberreise aus.

und mit ganz unterschiedlichen Dynamiken. Da es in einem freien Gelände keine Abgrenzungen gibt, nahm jedes Kind den Raum unterschiedlich ein und bewegte sich in ihm.

Um den unterschiedlichen Charakteren gerecht zu werden und das Erzählen zu befördern, war es sinnvoll, die einzelnen Orte der Reise unterschiedlich einzuführen: Der Wahrnehmungsimpuls für den einen Ort ging von der Vorleserin aus und wurde durch fantasievolle Erzählung auf die Kinder übertragen und gemeinsam weiterverfolgt, wie beim Beispiel des Baumes als Elfenwohnung. In anderen Momenten konnte der Impuls eines Kindes aufgegriffen werden. Manchmal gelang es auch, diesen gemeinsam weiter auszuspinnen. Hin und wieder musste auf einen real angebundenen Aufmerksamkeitsfokus eingegangen werden, wie zum Beispiel auf den Kaninchenstall. Wichtig ist, eine klare Entscheidung zu treffen, mit welcher Variante man „landet", um dementsprechend agieren bzw. die Impulse verarbeiten zu kön-

nen. Andernfalls droht ein Zerfall der „Reisegruppe", die Aufmerksamkeit schwindet, und es entstehen keine weiteren Erzählanlässe mehr.

Geschichten erfinden

Der letzte Teil der „Erzählreise" eröffnete den Raum für die Entwicklung bildnerisch-gestalterischer Ausdrucksformen, an die wiederum in erzählender Weise angeknüpft werden kann.

Hier konnte das, was zuvor handelnd erobert wurde, in Bildern ausgedrückt werden. Die Größe der Malfläche spiegelte den raumgreifenden Ansatz der „Erzählreise". Die vielen Wege und Stationen konnten zeichnerisch auf dem Laken erneut abgegangen oder aber auch zentrale Wahrnehmungen in der Weite des Geländes in kleinen detailverliebten Zeichnungen festgehalten werden. Die bemalten Laken geben somit erste Strukturen des Erlebnisses und damit ein Geschichtenschema wider, das im sprachlichen Austausch über die Bilder formuliert werden kann.

Wie kann es weitergehen?

In der Durchführung und Reflexion der Erzählreise „Das Zauberbett" wurde deutlich, dass Erzählimpulse der Kinder auf sehr unterschiedlichen Ebenen entstehen und zum Teil sehr klein sein können. Es besteht die Gefahr, dass in der Komplexität des Geschehens zu viele Impulse vonseiten der Vorleserin nicht wahrgenommen werden können und so untergehen. Zum einen kann dem entgegengewirkt werden, indem man die Ortserkundungen sehr viel stärker mit einer vorgegebenen Struktur und als Gruppe vollzieht. Oder aber mehrere Vorleserinnen bzw. Erzieherinnen oder Eltern werden in die Reise einbezogen, sodass man die parallel auftretenden Erzähl- und Handlungsimpulse der Kinder wahrnehmen und mit ihnen individuell weiterentwickeln kann.

- Eine direkte Weiterführung dieser Erzählreise, die ebenfalls die Eltern einbezieht, könnte sein, das bemalte Laken beim abendlichen Zubettgehen erneut als Erzählanlass zu nutzen oder es sogar weiterführend zu gestalten.

- Darüber hinaus könnten, um einen möglichst umfassenden und weitgreifenden sprachlichen Bildungsprozess zu ermöglichen, die bemalten Laken auch innerhalb der Gruppe erneut zum Weitererzählen aufgegriffen werden.

Zur Dokumentation können die Erzählungen von den Vorleserinnen aufgeschrieben und von den Kindern als kleine Bücher gestaltet werden, die wiederum die Bibliothek ergänzen und regelmäßig vorgelesen werden können. ◄

Zwergenhaus und Matsch und Maus

Plastisch gestalten mit Ton

Text: Sabine Olearius | Fotos: Nick Ash

Ton ist jüngeren Kindern als Material meist unbekannt. Das Spielen, Bauen und Matschen mit Sand wird in vielen Einrichtungen sehr gefördert, Ton ist jedoch nur selten vorhanden. Einzelne Kinder haben einen Töpferkurs besucht, der vermutlich meist die Herstellung von Produkten in den Vordergrund gestellt hat. Dieser Beitrag möchte Mut machen zu einer Fantasiereise mit dem erdigen Material Ton. Es ist erstaunlich, wie viel Kreativität der spielerische Umgang mit Ton zum Vorschein bringen kann und wie ausdauernd sich Kinder darauf konzentrieren können. Kaum ein Kind lässt sich nicht für die plastische Arbeit mit Ton begeistern.

Altersgruppe

Kinder im Alter
von 2 bis 6 Jahren

Räumliche Voraussetzungen

- Atelier
- Werkstatt
- Tisch draußen im Garten
  oder Hof

Materialien

- Ton

Naturmaterialien, z. B.:

- Äste
- Zweige
- Blätter

Mit Ton arbeiten

Ton ist ein in der Natur vorkommendes Material. Er setzt sich überwiegend aus feinkörnigen Mineralen zusammen und kann unterschiedlich viel Wasser enthalten. Ist Ton ausreichend feucht, ist er formbar. Durch Trocknenlassen oder Brennen härtet er aus. Ton gibt es in verschiedenen Grau- und Brauntönen, je nach mineralischer Zusammensetzung.

Ton wird in 10-Kilo-Paketen verkauft. Wichtig ist, dass er nicht zu stark schamottiert, also mit kleinen Steinchen durchsetzt ist (empfehlenswert: höchstens 20 %). Ein sehr eindrückliches Erlebnis ist, zusammen mit den Kindern (und vielleicht auch mit den Eltern) selbst Ton aus lehmigen Böden abzugraben oder ihn in einer Ziegelei zu besorgen.

> *Ton entzieht der Haut Fett, deshalb die Hände vor der Arbeit mit einer Fettcreme einreiben oder sie einölen.*

Ist der Ton vor der Verarbeitung zu fest geworden, wird er mit Wasser besprüht oder in feuchte Tücher gewickelt. Ist er ganz hart geworden, kann man ihn in kleine Stücke klopfen und über Nacht in Wasser einweichen. Gerade kleine Kinder brauchen weichen und geschmeidigen Ton.

Projekte mit Ton sollten vorzugsweise im Sommer durchgeführt werden, da die Kinderhände sonst schnell kalt werden. Wird im Winter im Innenraum gearbeitet, kann der Ton einige Stunden vorher an einen warmen Ort gestellt werden.

Das Projekt durchführen

Auf unserer Arbeitsplatte liegt ein großer Block Ton. Jedes Kind darf sich mit einer Drahtschlaufe (ca. 40 cm Draht, an den Enden ein Stock) ein Stück davon abschneiden. Dann nähern wir uns dem Material mit allen Mitteln:

- Wir fühlen den Ton.
- Wir riechen den Ton.
- Wir kneten den Ton mit den Handballen,
- greifen mit den Fingern in ihn hinein,
- lassen ihn von oben auf die Tischplatte fallen,
- trommeln mit den Fäusten auf ihm herum,
- tippeln mit den Fingern auf ihn,
- streicheln ihn sanft.

Das Material Ton ist ganz schön schwer ... Mit einer Drahtschlinge werden Tonstücke abgeteilt.

Adam beschließt, ein richtiges Haus zu bauen. Dafür braucht er Platten und einen Boden.

Ich beginne, eine Geschichte zu erzählen:

„Als ich neulich im Wald spazieren ging, da hatte es gerade geregnet, es roch nach frischer Erde und nach Laub. Da fiel mein Blick auf ein kleines Loch unterhalb einer Baumwurzel. Nanu, dachte ich, wohnt da viel-leicht eine Maus? Aber nein, klitze-kleine Fußspuren zeichneten sich im Sand ab. So sehen doch keine Mau-sespuren aus! Und eine winzig kleine Treppe führte zu dem Eingang…

Ich beugte mich hinunter, und da sah ich doch darin ein kleines Bett stehen, und mir war so, als hätte ich eben noch den Haarschopf eines Zwerges gesehen. Wie ihr ja wisst, sind Zwerge sehr scheue Wesen…"

Die Kinder reagieren sofort: „Au ja, ich mach' den Zwerg!" „Ich mach die Höhle!" Innerhalb kürzester Zeit sind die Kinder in ihr Tun versunken. Ich forme mit. Das wird von den Kindern registriert. Nur einige von den größe-ren Kindern ahmen mich nach und wollen bald genau wissen, wie man aus Ton etwas formen kann.

Eine Höhle bauen

Ich baue einen Berg, in dem der Zwerg seine Höhle hat. Große Stücke Ton werden aufeinandergesetzt und zusammengedrückt, sodass ich den Berg noch mit beiden Händen umfas-sen kann. Hier ist der Eingang der Höhle. Ich drücke mit den Daumen ei-nen Hohlraum immer tiefer, ein Fens-ter entsteht, ein Schornstein.

Die jüngeren Kinder sind noch nicht in der Lage, einen Hohlraum in den Ton zu drücken. Wer Hilfe möchte, bekommt sie von einem größeren Kind oder von mir. Aber für einige ist der Hohlraum gar nicht wichtig: „Mein Zwerg wohnt in einem Haus", sagt die vierjährige Anna stolz und bringt die Fenster an ihr massives Tongebil-de an. „Und das hier ist die Treppe!"

Der sechsjährige Emil hat eine andere Lösung für sein Haus gefunden: Er setzt eine Wand an die andere. Ich rate ihm lediglich, das Ganze auf ei-nem Boden zu befestigen und zeige ihm, wie die Einzelteile gut miteinan-der verstrichen werden.

Der fünfjährige Max ruft: „Ich will aber keinen Zwerg, ich will einen Rie-sen, und er schneidet sich riesige Klumpen vom Block, die er aufeinan-derstapelt. Schließlich setzt er einen großen Klumpen als Kopf auf. Auch hier zeige ich, wie man die Einzelteile gut miteinander verstreicht.

Die zweijährige Lisa pflückt unter-dessen versunken ein Stückchen Ton nach dem anderen von ihrem Block ab und klebt sie vor sich auf die Ar-beitsplatte. Es sieht aus wie eine Straße, eine Mauer, aber ich störe sie nicht, um sie zu fragen, was es ist.

Kompetenzen im Blickpunkt

Ganzheitliche Förderung:
- Fantasie und Vorstellungsfähigkeit
- Kreativität im Sinne der Problemlösungsfähigkeit
- taktile Wahrnehmungsfähigkeit
- Sprachkompetenz: Erzählen

Spezielle Förderung:
- bildnerisches Gestalten

Kooperation mit Eltern

Aktives Einbeziehen:
- Elternabend mit Tonarbeit, um kindlichen Umgang mit Material bewusstzumachen
- Ggf. Ausflug zum Tonabbau in der Natur oder in eine Ziegelei

Dokumentation:
- Bericht im Bildungsportfolio
- Fotoausstellung

Die dreijährige Alma patscht munter mit der flachen Hand auf einen Klumpen Ton: „Guck mal, eine Pizza, ah nein, ein Koffer!" Sie formt mit den Fingerspitzen weiter: „Jetzt ist es ein Vogel!"

Ihr dreijähriger Nachbar Felix zupft ebenfalls Stückchen für Stückchen und verteilt sie scheinbar kreuz und quer auf dem Tisch.

Der vierjährige Paul rollt Ton zwischen den Händen, setzt die Säule auf einen Sockel, viele von diesen Gebilden entstehen.

Ein Zwerg wächst heran

Ich nehme Pauls Form auf und baue ebenfalls eine kleine dicke Säule, etwa so hoch wie mein Zeigefinger und zwei Finger breit. Das könnte ein Zwerg werden. Obenauf setze ich eine Kugel und verstreiche sie gut mit dem Unterbau. Sie bekommt noch einen Bart und eine Zipfelmütze aufgesetzt. Füße und Arme setze ich an. Die Nase ziehe ich mit den Zeigefingern nach vorn. Das Gesicht und andere Feinheiten können mit einem Stöckchen ausgestaltet werden.

Ich erzähle die Geschichte weiter:
Ich drückte meine Nase am Erdboden platt, um besser sehen zu können, wie gemütlich es der Zwerg in seiner Behausung hat (ich halte meine Nase an einen Tonklumpen), da spürte ich plötzlich, wie etwas meine Wange streifte. Das war eine Maus. Und diese Maus verschwand in einem anderen Loch ganz in der Nähe. Die Maus und der Zwerg waren anscheinend Nachbarn. Als ich mich bemühte, auch in dieses Loch zu schauen, da hörte ich ein Piepsen, und tatsächlich sah ich ganz weit hinten in der Höhle ein kleines weiches Nest mit fünf Mäusekindern darin ...

Die Maus kriecht heraus

Für eine Maus forme ich eine kleine Kugel. Die Kugel drücke ich zum Ei, dessen Spitze zwischen Daumen und Zeigefinger noch spitzer gezogen wird. Vorsichtig drücke ich die Form auf die Arbeitsplatte, sodass sie nach unten abgeflacht wird. Ich lege die Maus so, dass die Nasenspitze mich anguckt. Mit beiden Daumen schiebe ich nun Ton von der Nasenspitze nach hinten: Ohren entstehen. Der Nacken kann noch etwas eingedrückt werden, ein Schwanz darf natürlich nicht fehlen. Sticht man mit einem Stöckchen noch zwei Augen hinein, kann die Maus sich blitzschnell auf die Suche nach Gleichgesinnten machen.

Die Kinder entwickeln das Formangebot auf ihre Weise weiter: Anna möchte aus ihrer Maus einen Igel machen und piekt kleine Stöckchen als Stacheln in den Rücken. Emil formt lieber einen Dinosaurier ...

Die Landschaft wird vielgestaltig

Wenn die Kinder eine Weile mit ihren Gestaltungen beschäftigt sind, stelle ich Naturmaterialien bereit: Steine, Kastanien, Zweige, Muscheln, Moos ...

Projektdurchführung

- Vorbereitung der Werkstatt
- Auswahl der Geschichte (und Figuren)
- Bereitlegen von Materialien
- Vormachen – Nachahmen
- Vorbereitung einer Tonlandschaft

Reflexion und weitere Initiativen

- Kinder arbeiten intensiv und ausdauernd mit dem Ton
- Ton ist ein extrem flexibles Material: Möglichkeit z. B. der Erweiterung der Landschaft durch unterschiedliche Geschichten
- Andere Geschichten als Impuls zur Fortführung auswählen
- Minilandschaften für zu Hause bauen

Naturmaterialien öffnen weitere Formen. Unterschiedliche Gestalten wachsen wie von selbst heran.

Da wächst dann plötzlich neben der Höhle ein Baum, ein Weg wird aus Muscheln gelegt, ein Stück Rinde wird eine Brücke, Tannenzapfen bilden einen Wald, der Zwerg bekommt ein weiches Bett aus Moos...

Auf ein großes Brett, das auf einem Tisch liegt, beginnen nun einige Kinder, Sand aufzuhäufen. Berge und Täler entstehen, Wege und Straßen. Jetzt geht es darum, die Höhlen, Häuser, Tiere und Figuren zueinanderzustellen und Verbindungen zu schaffen.

Aus zeitlichen Gründen wird die Landschaft sicher nicht am selben Tag entstehen können wie die Höhlen und Figuren (bei unserem Projekt ist es der dritte Tag). Damit die Tonobjekte in der Zwischenzeit noch nicht hart und damit zerbrechlich werden, decken wir sie mit Plastiktüten ab. Dann können sie beim Bau der Landschaft noch gut hin und her bewegt werden. Sollte bei einem trockenen Objekt einmal etwas abbrechen, lässt es sich mit Holzleim wieder ankleben.

Pädagogische Aspekte der Arbeit mit Ton

Das Besondere am Gestalten mit Ton ist die große Wandlungsfähigkeit des Materials. Innerhalb kürzester Zeit entwickelt sich beispielsweise aus einem Berg eine Höhle, aus einer Höhle ein Auto usw. Die kindliche Fantasie wird stark angeregt.

Im Kindergartenalter verfolgen Kinder noch kein Ziel von der Planung bis zur Durchführung konsequent.

Die Ideen sprudeln nur so, wenn man Kinder gewähren lässt, und schwimmen fließend im Strom des fortwährenden Spiels mit.

Das ganze Kind ist vom Kopf bis zu den Zehen bzw. Fingerspitzen damit beschäftigt, seine Ideen zu verfolgen und sie in die Tat, ins Material umzusetzen. Im Umgang mit Ton zeigen auch Kinder, die sich sonst eher schlecht konzentrieren können, plötzlich eine enorme Ausdauer.

Vielfältige Kompetenzen werden angeregt, darunter auch die Wahrnehmungsfähigkeit: Der Tastsinn ist ebenso gefordert wie der Gleichgewichtssinn. Das Kind muss sich im Raum orientieren und mit der Dreidimensionalität auseinandersetzen.

Am Anfang ist es wichtig, erst einmal nur zu kneten. Die Kinder müssen Gelegenheit haben, einen ersten Bezug zum Material aufzubauen. Sind unruhige Kinder in der Gruppe, können sie ihren Bewegungsdrang zunächst im Kneten ausleben, dann langsam ruhiger werden und sich bald ausdauernd konzentrieren.

Die Anleitungen, die hier gegeben werden, richten sich an die Erzieherin oder die Eltern und sind nur für die Kinder gedacht, wenn diese allein nicht weiterwissen. Es ist wichtig, dass die Kinder ein Vorbild haben, das ebenfalls plastiziert und Anregungen und Hilfestellungen geben kann. Meistens jedoch finden die Kinder eigene Lösungen oder entwickeln Vorgegebenes von sich aus weiter.

Die jüngeren Kinder, also Zwei- und Dreijährige, können sich voller Sin-

... und Landschaften natürlich auch.

nesfreude dem Auseinandernehmen des Tons und dem Matschen hingeben. Sie brauchen keine Anleitung. Wie stark ihre Fantasie durch ihr Tun angeregt wird, zeigt sich in den schnell wechselnden Ausrufen:

- „Das ist eine Pizza!"
- „Ich mache einen Koffer!"
- „Guck mal, ein Vogel!"

Bezeichnungen für selbst Geschaffenes können schnell wechseln. So intensiv, wie Ideen zu neuen Formen

Naturmaterialien können bei einem gemeinsamen Spaziergang gesammelt werden.

und Anwendungen sprudeln, so vielgestaltig ist auch der Wunsch, den Dingen einen Namen zu geben. Auch bei den Vier- bis Sechsjährigen können die Bezeichnungen spontan wechseln. Für den Erwachsenen sind die inneren Begründungsprozesse äußerlich kaum erkennbar. Wünschenswert wäre deshalb, dass Erziehende das kreative Spiel nicht durch abwertende Kommentare stören: „Aber so sieht doch kein Vogel aus!" Schön wäre es, wenn sie selbst in die fantasievolle Welt einsteigen könnten, z. B. aus Ton einen Stein formen: „Schau, hier kann sich dein Vogel ausruhen!"

Eltern in das Projekt einbinden

Die meisten Eltern nehmen selbst mit großer Begeisterung an Projekten mit Ton teil und sind von diesem Material gar nicht mehr wegzubekommen. Ein solches Projekt ist eine wunderbare Gelegenheit, Eltern, Kinder und Erzieher gemeinsam etwas gestalten zu lassen. Nicht selten greifen die Eltern allerdings stark in die Gestaltungen ihrer Kinder ein, und einige Kinder werden im Beisein ihrer Eltern sehr unselbstständig. Deshalb kann es auch sinnvoll sein, Teile aus dem Pro-

jekt mit den Eltern allein an einem Elternabend zu erproben, z. B. ein Tier aus Ton zu formen oder eine Landschaft aus Sand und Naturmaterialien zu gestalten. Dabei kann darauf hingewiesen werden, wie anders Kinder mit dem Material Ton umgehen.

Das Projekt dokumentieren

In jedem Projekt entsteht vieles, das zum Schluss nicht mehr sichtbar ist: Es ist verwandelt oder auch zerstört worden, eingestampft, um daraus Neues zu erschaffen. Dies ist gewünscht. Die künstlerischen Prozesse zusammen mit den vielen sinnlichen Erlebnissen sind für die Entwicklung des Kindes wesentlich bedeutsamer als das fertige Ergebnis. Leider sind sie schwer zu dokumentieren. Zu empfehlen sind genaues Beobachten und sprachliches Schildern im Bildungsportfolio eines jeden Kindes. Anschaulich geben sicher Fotos den Arbeitsprozess wieder.

In diesem Projekt wurde bewusst auf das Brennen verzichtet, damit der spielerische Prozess und nicht das fertige Ergebnis im Vordergrund steht.

Ausblick – wie könnte es weitergehen

Grundlage für ein weiteres Projekt könnten andere Geschichten sein. Schön ist es, wenn dabei Tiere im Vordergrund stehen (z. B. Leo Leonni, die Arche Noah... – der Anregungen sind sicher viele).

Einzelne Tonobjekte können, wenn sie etwa zwei Wochen an der Luft getrocknet sind, im Brennofen gebrannt werden – sofern vorhanden. Damit werden die Objekte haltbarer, denn der trockene Ton ist äußerst zerbrechlich. ◄

Musik (er)finden mit experimentellen Instrumenten

Kinder sind Klangforscher

Text: Stefan Roszak | Fotos: Nick Ash

Kinder sind noch offen für viele, auch fremd wirkende Musikstile und Klänge. Sie sind neugierig auf ungewöhnliche musikalische Erfahrungen. Das Experimentieren mit Klängen, Geräuschen und Rhythmen bis hin zum Erfinden einfacher Melodien ist ihnen durchaus vertraut. Umso erstaunlicher ist, dass sich Konzepte für die ästhetisch-musikalische Bildungspraxis oft eher mit der Reproduktion von Musik beschäftigen als mit ihrer Produktion. Ideen dafür stellt dieses Projekt vor.

Altersgruppe
Kinder im Alter
von 4 bis 6 Jahren

Räumliche Voraussetzungen
großer Raum,
der Bewegung zulässt

Materialien
- klingende Objekte aus Holz,
  Metall, Stein, Glas, Ton etc.
  (s. Seite 68 – 69)
- Holzschlägel
  (Musikalienhandel)
- Noppenschaumstoff
  (Fachhandel)
- Isolierschläuche aus flexiblem
  Kunststoff zur Dämmung von
  Heizungsrohren (Baumarkt)

Die Projektidee

Die Idee zu diesem Projekt ist aus einer Frage entstanden: Wie kann ästhetische Bildung aussehen, die das Musikmachen als „Erfinden von Musik" wörtlich nimmt und in den Mittelpunkt stellt? Ausgehend von dieser Frage will ich im Folgenden zeigen, wie man mit relativ wenig Aufwand Instrumente herstellen und mit Kindern (gewissermaßen fast voraussetzungslos) darauf eigene Musik erfinden kann. Ein hohes Ziel, könnte man meinen. Doch es ist einfacher, als man denkt.

Experimente mit Materialien

Experimentelle Musikinstrumente eignen sich gut dazu, Kinder zur Erfindung eigener Musik anzuregen. Doch was unterscheidet ein experimentelles von einem konventionellen Musikinstrument? Ein experimentelles Instrument kann tatsächlich potenziell jeder Gegenstand sein, der sich zur Produktion von Klängen oder Geräuschen und damit zu Klangexpe-

rimenten eignet. Im engeren Sinn muss ein solches Instrument gar nicht gebaut werden. Jedes materielle Objekt kann nämlich auf diese Weise quasi instrumentalisiert werden. Ist ein Gegenstand klanglich interessant, kann er kurzerhand zum Instrument erklärt werden. Entscheidend für diese Umfunktionierung ist der mentale Perspektivwechsel.

Die einzige physikalische Voraussetzung besteht darin, dass der Gegenstand ausreichend schwingungsfähig sein muss; das heißt, er muss durch Bewegung in Schwingung versetzt werden können, sodass er klingt. Schallwellen sind Schwingungsbewegungen, die wir als Klang oder Geräusch wahrnehmen, solange die Lautstärken und Frequenzen innerhalb unseres Hörspektrums liegen. So können aus Gläsern, Besteck und Tontöpfen, aus Holzresten und Schrott, aus allem, was tönt und klingt, klanglich respektable und musikalisch ernstzunehmende Musikinstrumente werden. Wie dies möglich ist, will ich im Folgenden zeigen.

Ein Klangkabinett aus Alltagsobjekten

Ein gewöhnlicher Raum kann mit einigen Handgriffen in ein Klangkabinett verwandelt werden, das Kinder zu experimentellen Gestaltungsversuchen anregt. Wichtig sind dafür weniger die Details der Klangobjekte (Instrumente) – denn Material, Form und Größe sind grundsätzlich variabel –, sondern das zugrundeliegende ästhetische Prinzip, welches auf jede Raumsituation übertragbar ist. Es handelt sich um ein Raumarrangement von Alltagsobjekten, die in Form von Klanginseln gleichmäßig im Raum positioniert werden und insgesamt das von mir sogenannte Klangkabinett bilden. Jede Klanginsel besteht aus mehreren Klangkörpern gleichen Materials. An diesen Inseln können Kinder allein oder zu mehreren Platz nehmen.

Von zentraler Bedeutung ist das ästhetische Anregungspotenzial des Raumes. Durch gezieltes Arrangieren von Objekten kann die Raumatmosphäre entscheidend beeinflusst und

*Gläser, Bestecke und Blumentöpfe
werden zu Musikinstrumenten.*

*Jedes Besteck klingt
anders.*

*Blumentöpfe sind
Tonglocken.*

*Glockenspiel
aus Metallstangen.*

verändert werden. Auch die Raum-funktionalität ändert sich dadurch grundlegend. Mit dieser räumlichen Inszenierung steht und fällt das Konzept. Denn durch die *Instrumentalisierung* (gemeint ist hier das Aufstellen von Instrumenten) erhält der Raum einen Aufforderungscharakter, der nonverbal zeigt, was dort konkret gemacht werden kann: nämlich Musik. Zudem schafft die Inszenierung der Raumsituation eine Atmosphäre, die die Aufmerksamkeit der Kinder auf Wesentliches lenkt – hier: das Experimentieren mit Klängen, das (wie jede ästhetische Erfahrung) achtsame Wahrnehmung voraussetzt.

Die Auswahl der Instrumente orientiert sich an Bedingungen, die wir in pädagogischen Zusammenhängen oft vorfinden. Um einen beliebigen Raum mit nur wenigen Handgriffen in ein Klangkabinett zu verwandeln, sind einige Vorarbeiten notwendig. Sind sie jedoch einmal abgeschlossen, kann das Kabinett jederzeit ohne größeren Aufwand auf- und abgebaut werden. Zunächst aber muss Klangmaterial angeschafft werden.

Klingendes Material präsentieren

Auswahlkriterium für das Material muss primär seine Klangqualität sein – ein ästhetisch unhintergeh-barer Grundsatz des Projekts. Gut klingen Objekte aus Holz, Metall, Glas, Stein und Ton; elementare Materialien, die einen ausreichenden Härtegrad haben, der sie leicht und gut hörbar schwingen lässt. Objekte aus den genannten Materialien sind fast überall verfügbar und günstig zu besorgen.

Für die Aufstellung der Objekte gilt (wie für alle Klangkörper), dass sie schwingen müssen, um klingen zu können. Sie sollten dafür möglichst freischwingend gelagert werden, sodass nur wenige Eigenfrequenzen des Materials abgedämpft werden. Akus-

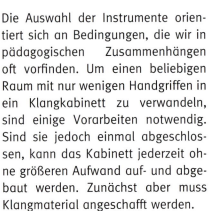

Kompetenzen im Blickpunkt

Ganzheitliche Förderung:
- auditive und taktile Wahrnehmungsfähigkeit
- Sprachkompetenz
- Raumwahrnehmung
- Kreativität und Fantasie
- Konzentrationsfähigkeit

Spezielle Förderung:
- musikalische Improvisation und Interaktion
- musikalisches Wissen
- zuhören können
- ästhetisches Urteilsvermögen

Kooperation mit Eltern

Aktives Einbeziehen:
- Materialbeschaffung und Spenden
- Eltern als Konzertbesucher
- Eltern als Mitspieler/innen

Dokumentation:
- Fotodokumentation
- Video-/Audioaufnahme
- Konzert

*Noppenschaumstoff lässt
Dinge klingen.*

*Der Ton macht
die Musik.*

*Klangspuren
auf Schiefer.*

tisch wäre der günstigste Fall eine Aufhängung, was jedoch Rahmen und Gestelle notwendig macht und Probleme mit der Spielbarkeit bedingen kann. Hängende Objekte neigen bei wiederholtem Anschlag dazu, dem Spielenden vor der Nase herumzubaumeln. Ein guter Kompromiss ist die Lagerung der Objekte auf Noppenschaumstoff – einem Akustikschaumstoff, der zur Schalldämmung von Wänden (etwa in Tonstudios) verwendet wird. Durch die Oberflächenstruktur der Matten (die ein gleichmäßiges Gebirge aus Schaumstoffspitzen bildet) ergeben sich verhältnismäßig kleine Berührungs-

flächen, auf denen die Objekte aufliegen. So werden nur wenige Klangfrequenzen gedämpft. Diese Art der Lagerung empfiehlt sich für Flaschen, Gläser, Objekte aus Ton, Metall und Holz, die eher eine kompakte Form haben.

Für längliche Objekte wie Stangen, Stäbe und Bretter empfiehlt sich eine andere Lagerungsvariante: die Auflage auf Schaumgummiröhren, die im Baumarkt zur Isolierung von Heizungsrohren günstig erhältlich sind. Hier liegen die Klangobjekte auf nur zwei Punkten auf, die sich in etwa bei einem Viertel der Gesamtlänge (je-

weils von den Enden aus gerechnet) befinden. Dieses Maß ergibt sich aus der physikalischen Tatsache, dass an diesen Stellen die meisten Schwingungsknoten des Klangkörpers liegen, sodass der Gegenstand hier am wenigsten schwingt. Die klanglich wichtigen Abschnitte sind die Schwingungsbäuche dazwischen. Der Blick auf ein Kinderglockenspiel oder ein Xylofon kann das Maß in Erinnerung rufen. Auf diese Weise können ohne viel Aufwand Glockenspiele und Xylophone von beeindruckender Klangfülle selbst gebaut werden.

Projektdurchführung

- Materialbeschaffung
- Vorbereitung des Raumes
- Aufbau der Instrumente zu Klanginseln
- Vorstellung der experimentellen Instrumente
- Anregung zum selbstständigen Experimentieren
- Impulse für die Improvisation (Spielregeln)
- Erfinden eigener Musikstücke (ggf. mit Notation)

Reflexion und weitere Initiativen

- Hörförderung durch Einrichtung eines Klanglaboratoriums in der Kindertagesstätte
- Konzertreihe für experimentelle Musik und improvisierte Musik
- Instrumentenbau mit Kindern durch Erweiterung des Klangkabinetts
- Einsatz des Klangkabinetts in anderen Projekten (Theaterspiel, Vertonung von Geschichten…)

Experimentelle Instrumente selbst herstellen

Die Instrumente werden in Stichpunkten beschrieben, sodass sie nachgebaut bzw. sinnvoll aufgestellt werden können. Zunächst eine Auflistung der Materialien:

I Metall
- Besteck-Metallophon
- Röhrenglockenspiel
- Töpfe und Schüsseln

II Holz
- Xylophon (Bretter)
- Stabhaufen (Rundholzstäbe)

III Glas
- Flaschen
- Trinkgläser
- Konservengläser

IV Ton – Stein – Porzellan
- Blumentöpfe
- Blumenkästen
- Schieferplatte
- Kiesel
- Tassen und Teller

Beschreibung der Instrumente

In dieser Auswahl sind ausschließlich *Idiophone* (Selbstklinger) enthalten: Objekte, die angeschlagen werden müssen, damit sie klingen. Dafür muss eine ausreichende Anzahl Schlägel verfügbar sein. Sie können sich in der Länge und im Material und dessen Festigkeit unterscheiden. Die Köpfe der Schlägel sind aus Holz, Wolle, Gummi oder Filz. Schlägel gibt es in großer Auswahl im Musikalienhandel. Eine für die vielen Instrumente des Kabinetts ausreichende Menge ist allerdings nicht ganz billig. Ist das Budget eher gering, können Schlägel auch gut selbst hergestellt werden. Hier einige Vorschläge:

- Holzschlägel lassen sich einfach aus dünnen Rundholzstäben (notfalls Schaschlik-Spießen) und einseitig gebohrten Holzkugeln herstellen, indem beide mit einem Tropfen Weißleim verbunden werden.
- Zum Anschlagen größer Objekte eignen sich auf etwa zwanzig Zentimeter abgelängte Rundhölzer verschiedener Durchmesser (ca. zehn bis zwanzig Millimeter) aus Kiefer oder Buche. Zersägte Besenstiele tun es auch.
- Zum Schlagen, vor allem aber zum Reiben, Schaben und Kratzen von Platten aus Stein und Ton sind Kiesel verschiedener Größe (etwa bis zur Kinderfaustgröße) geeignet.

Besteck-Metallophon

Für das Besteck-Metallophon kann jedes Kind ein (ausgedientes) Besteck mitbringen, das ganz aus Metall sein muss. Holz- oder Kunststoffgriffe verhindern das Klingen. Messer, Gabeln und Löffel werden bei ungefähr gleichbleibendem Abstand von wenigen Zentimetern nebeneinander auf eine Bahn Noppenschaumstoff gelegt. Silberbesteck klingt am besten. Die Besteckteile werden mit kleinen Hartholzschlägeln oder einer Messerklinge angeschlagen. Das Instrument ist faszinierend, weil jedes Besteckteil in anderer Tonhöhe und Klangfarbe erklingt. Zudem sieht es beeindruckend aus. Man kann die Klangkörper der Tonhöhe nach ordnen – eine spannende Aufgabe für Kinder, bei der sie sehr genau hinhören müssen – oder auch unsortiert liegen lassen.

Didaktischer Hinweis

Bei Instrumenten dieser Art wird deutlich, dass unser abendländisches Tonsystem – auf das wir alle schon früh mit „Alle meine Entchen" geeicht wurden – nur eine von unendlich vielen Möglichkeiten der Bildung von Tonleitern darstellt. Tonleitern sind willkürliche Ausschnitte aus dem Kontinuum aller möglichen Tonhöhen. Wir sind es gewohnt, dass Töne der Reihe nach eine gleichmäßige Leiter aus Ganz- und Halbtonschritten bilden, so, wie die Klaviertastatur sie abbildet. Dagegen sind die Tonabstände beim Besteck-Instrument unregelmäßig. Hier handelt es sich gewissermaßen um ein zufällig entstandenes Tonsystem. Teilweise sind es nur mikrotonale Differenzen und Unterschiede der Klangfarbe, mit denen sich der Löffel von der benachbarten Gabel unterscheidet. Mit diesen Instrumenten wird sinnlich erfahrbar, dass neue Klänge keineswegs weniger schön sind als vertraute, auch wenn die Tonabstände nicht ins gewohnte Schema passen. Unerhörte Musik …

Röhrenglockenspiel

Ein Röhrenglockenspiel entsteht, wenn Metallrohre verschiedener Länge, Durchmesser und Metallsorten (aus dem Baumarkt oder preiswerter: vom Schrottplatz) der Länge nach sortiert in oben beschriebener Art auf Isolierschläuche gelegt werden. Es ergibt sich eine trapezförmige Anordnung ähnlich wie beim Xylophon oder Glockenspiel. Angeschlagen werden die Rohre mit verschiedenen Schlägeln aus Holz oder Metall, sodass in der Klangfarbe unterschiedlich farbige Töne entstehen. Für die Tonabstände gilt das Gleiche wie beim Besteck: Sie ergeben sich zufällig und bilden ein individuelles Tonsystem.

Töpfe und Schüsseln

Töpfe und Schüsseln werden auf Noppenschaumstoff gestellt und mit verschiedenen Schlägeln geschlagen. Die Klänge sind glockenartig. Physikalisch ist ein Glockenklang ein Gemisch aus harmonischen und unharmonischen Teiltönen, weshalb die Tonhöhen oft nicht exakt auszumachen sind. Dennoch können nicht nur Rhythmen, sondern auch Melodien auf diesem Instrument gespielt werden.

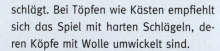

Xylophone

Xylophone werden nach dem gleichen Prinzip aufgebaut wie das Röhrenglockenspiel. Allerdings sind die Klangkörper hier nicht röhren-, sondern platten-, stab- oder pfahlförmig. Geeignet sind fast alle Holzarten. Je härter, desto lauter der Klang. Am kostengünstigsten ist Kiefernholz. In jedem Baumarkt und in fast jeder Tischlerei werden Holzreste verschenkt. Regalbretter sind genauso geeignet wie alte Holzdielen oder druckimprägniertes Gartenbauholz. Es wird kräftig geschlagen – mit allen erdenklichen Sorten von Schlägeln.

Stabhaufen

Der Stabhaufen ist ein merkwürdiges Durcheinander aus verschieden lang abgesägten Rundhölzern. Sie werden unsortiert auf eine große Fläche aus Noppenschaumstoff gehäuft:

- Die Stäbe eignen sich zum einen als *Claves* – das sind paarweise als Perkussionsinstrument gespielte Klanghölzer aus der Gruppe der Gegenschlagidiophone; wobei hier anders als üblich nicht alle Stäbe gleich, sondern unterschiedlich lang sind. Jeder Stab klingt anders.
- Im Stabhaufen kann nach Herzenslust mit den Händen „gewühlt" werden, wodurch griffige Klänge entstehen, die in Klangfarbe und Lautstärke modifiziert werden können, je nach Art der Bewegung der Hände – ein sehr sinnliches, fast archaisches Instrument.

Glas: Flaschen, Trink- und Schraubdeckelgläser

Wichtig ist hier, auf relativ bruchsicheres Glas zu achten, um Kinder nicht in Gefahr zu bringen. Alle Gläser und Flaschen werden auf Noppenschaumstoff gestellt. Weingläser stehen auf Teppichfliesen.

Für alle Glasbehälter gilt: Wird Wasser eingefüllt, ändert sich die Tonhöhe antiproportional, das heißt tiefer werdend mit steigendem Wasserpegel. Jedes Kind kennt das, was jedoch nicht gegen das Instrument spricht. Im Gegenteil: Unzählige Klangmöglichkeiten entstehen, je nach Behältnis und Wassermenge, womit das Kind sein Instrument sogar individuell stimmen kann. So können eigene Tonsysteme kreiert und ganz neue Melodien erfunden werden, wobei sich Glasschlaginstrumente (wie jedes Schlaginstrument) auch als Rhythmusmacher eignen.

Blumentöpfe und -kästen

Blumentöpfe und -kästen aus Ton (bzw. Terrakotta) sind im Baumarkt oder Gartencenter in allen erdenklichen Größen erhältlich, vom Miniaturformat bis zum kaum tragbaren Schwergewicht. Die klanglichen Eigenschaften sind in fast allen Größen gut bis hervorragend. Mit Holzschlägeln angeschlagen, klingen Tonblumentöpfe fast wie Glocken, auch wenn ihre Nachhallzeit nicht sonderlich lang ist. Am besten schwingen sie, wenn man sie – wie fast alle genannten Materialien – auf Noppenschaumstoff legt. Der konische Korpus fungiert dann zugleich als Klangtrichter, ähnlich wie der Schalltrichter einer Trompete. Naheliegend und optisch sehr reizvoll ist eine Anordnung der Größe nach, wodurch ein klanglich beeindruckendes Instrument mit etwa fünfzehn Tönen entsteht (sofern alle erhältlichen Topfgrößen Verwendung finden).

Verglichen mit gewöhnlichen Tontöpfen sind Blumenkästen aus Ton oder Terrakotta deutlich teurer. Sie haben aber den Vorteil, dass sie klanglich mehr Möglichkeiten bieten. Jeder Kasten enthält verschiedene Tonhöhen und Klangfarben, je nachdem, an welcher Stelle man an-

schlägt. Bei Töpfen wie Kästen empfiehlt sich das Spiel mit harten Schlägeln, deren Köpfe mit Wolle umwickelt sind.

Schieferplatten

Schieferplatten erhält man in der Fliesenabteilung des Baumarkts. Wichtig ist, dass es sich um echten Schiefer und nicht um ein Imitat oder um gepresstes Material handelt. Die Schieferplatte klingt am besten, wenn sie auf vier kleinen Schaumstoff-Böckchen liegt. Sie kann mit Holzschlägeln geschlagen oder mit feinem Kies berieselt werden. Vor allem aber ist sie ein Reibeinstrument. Mit faustgroßen Kieseln, die auf der Platte verschlungene Bahnen und kalligrafisch anmutende Spuren schreiben, lassen sich Klangflächen erzeugen, die je nach Tempo und Form der Linienführung verschiedenste Klangqualitäten aufweisen.

Steine

Größere Kiesel können als Gegenschlagidiophone verschieden stark gegeneinander geschlagen oder gerieben werden. Differenziertere Möglichkeiten der Klangbildung entstehen, wenn dies unmittelbar vor der eigenen (!), geöffneten Mundhöhle geschieht, die als klangverstärkender Resonanzraum dient. Durch die Form- und Größenveränderung der Mundöffnung wie des Mundinnenraums können Klangfarbe und Lautstärke der ansonsten kaum modulationsfähigen Steinklänge variiert werden.

Tassen und Teller

Geschirr wird genauso wie die Objekte aus Glas eingesetzt. Auf Noppenschaumstoff gelegt, klingt jede Tasse (mit und ohne Wasserfüllung) und jeder Teller verschieden. Hier macht die Menge des Geschirrs die Musik. Ein Porzellaninstrument entsteht.

Was hörst du? Ist das hell oder dunkel?
Gleichmäßig oder unruhig? Laut oder leise?

- Zunächst darf eine Zeit lang beliebig „drauflos" gespielt und geforscht werden.
- Anschließend soll jedes Kind ein Instrument vorstellen (und dabei weiterforschen), während die restliche Gruppe aufmerksam zuhört.
- Fragen, Vorschläge und Kommentare können im Anschluss daran Platz finden.

Über Musik sprechen

Generell sind Gespräche über Klänge nicht leicht zu führen, denn unser Vokabular ist schnell erschöpft, sobald von Klangqualitäten die Rede ist. Zu sagen, *wie* etwas klingt (statt nur *was*), vielleicht sogar, *warum* wir Gehörtes „schön" oder „interessant" finden, verlangt eine differenzierte Sprache. Im Gespräch über Klänge können Kinder lernen, ihr ästhetisches Geschmacksurteil zu reflektieren, argumentativ zu begründen und für andere plausibel zu machen. Wenn solche Gespräche immer wieder stattfinden, wird ihr Urteilsvermögen geübt und nachhaltig verbessert. So fördert kollektives Musikerfinden auch die sprachliche Ausdrucksfähigkeit.

Klangforschung

Wie können die Instrumente nun pädagogisch sinnvoll eingesetzt werden? Ist das Instrumentarium aufgestellt, stellt sich die Frage, wie damit Musik gemacht werden kann – ohne dass wild drauflos gehämmert wird, womit wir im Klangchaos ankämen.

> *Pädagogische Arbeit mit experimentellen Musikinstrumenten muss experimentierfreudig sein.*

Es ist von Vorteil, wenn alle Beteiligten Neugier und Experimentierfreude mitbringen. Was aber macht experimentelle Pädagogik aus? Dies lässt sich anhand der ersten Arbeitsphase zeigen, in der die Kinder die Instrumente kennenlernen. Diese Explorationsphase steht unter den Vorzeichen der *Klangforschung*.

Mit der Wirkung des Raums war zu Beginn schon vom Aufforderungscharakter des Klangkabinetts die Rede. Dies zeigt sich auch in der Reaktion der Kinder auf die vorbereitete Umgebung.

Es ist wichtig, ihnen zum Kennenlernen und Erforschen der Instrumente viel Zeit zu lassen. Wie viel Zeit dafür sein muss, ist von der jeweiligen Gruppe abhängig.

Das größte Problem dieser Eingangsphase stellt die Akustik dar: Einerseits sollen die Klangmöglichkeiten der Instrumente sensibel erforscht werden können, was Ruhe und Konzentration erfordert; andererseits stehen alle Objekte in einem Raum und wollen meist sofort von allen Kindern gleichzeitig gespielt werden. Das lässt Kakophonie erwarten.

Um Neugier und Tatendrang nicht im Keim zu ersticken, muss dies geduldet werden. Unter Umständen können Kompromisse hilfreich sein, damit den Kindern selbst das Lauschen auf Klangdifferenzen ermöglicht und erleichtert wird. Hier ein Vorschlag für den Projektbeginn:

Zuhören bedarf der Stille

Im Zentrum der Klangforschung steht die Sensibilisierung der auditiven Wahrnehmung. Für jede Form von Kommunikation (nicht nur die musikalische) ist die Fähigkeit, gut zuhören zu können, von grundlegender Wichtigkeit.

Der pädagogische Wert der Stille wird in Lernprozessen allzu oft unterschätzt. Im Klangkabinett ist es wichtig, auch leisen Klängen Gehör zu verschaffen, zumal Klangdifferenzen bei geringer Lautstärke meist deutlich besser zu hören sind. Außerdem ermüden das Gehör und die Psyche bei zu großer Lautstärke. Für die Arbeit mit Klängen ist Stille unverzichtbar, wenn Klingendes nicht bloß registriert, sondern in allen Momenten ereignishaft wahrgenommen werden soll. Genussfähigkeit hätte als Ziel ästhetischer Bildung sonst keine Chance.

Wenn die Wahrnehmung auf leise Klänge gelenkt wird, ergeben sich Stillephasen wie von selbst; nicht nötig, wie so oft im pädagogischen Alltag, lauthals und vergeblich von Kindern Ruhe zu fordern. Für viele Menschen, nicht nur für Kinder, kann Stille jedoch ungewohnt und beklemmend sein. Stille kann und sollte daher regelmäßig geübt und ritualisiert werden. Diese Kultur der Achtsamkeit braucht Übung. So verliert Stille allmählich den Anschein des Unbehaglichen und Bedrohlichen. Sie wird zur Gewohnheit, vielleicht sogar zum Bedürfnis der Lernenden.

Musik machen im Klangwald

Auf die Phase der Klangforschung folgt das gemeinsame Musikmachen. Hierfür sind Spielregeln hilfreich, die die musikalische Gruppenimprovisation anbietet. Beispielhaft wird ein Improvisationsspiel von Matthias Schwabe vorgestellt, das sich für

die Arbeit mit experimentellen Musikinstrumenten gut eignet. Es heißt „Klangwald" und ist auf die Installation von Klanginseln im Raum ohne weiteres übertragbar.

Im Raum befinden sich vier Materialgruppen mit insgesamt 13 Klanginseln (s. Liste S. 68). Für den Anfang sollten nicht alle Instrumente genutzt werden. Das Orchester wird sonst zu unübersichtlich. Maximal acht Orchestermitglieder sind für den Anfang mehr als genug, alle anderen Kinder hören zu. Jedes Kind nimmt an einem Instrument Platz, das es in der Klangforschungsphase bereits gespielt hat. Ein Kind wird als Dirigent/in ausgewählt. Es hat die Aufgabe, die Instrumentalist/inn/en durch lautloses Berühren zum Spiel ihrer Instrumente zu aktivieren und beizeiten zu deaktivieren. Mit jeder Berührung sollten die Spielenden sich zunächst für nur einen Klang entscheiden, den sie laufend und möglichst unverändert wiederholen. Geschlagene Klänge werden bei konstantem Tempo wiederholt, während Reibeklänge kontinuierlich erzeugt werden; und zwar bis die Spielenden erneut berührt werden, womit sie ihr Spiel vorübergehend unterbrechen. Erst bei nochmaliger Berührung fangen sie wieder an zu spielen. Und so weiter…

Mit zunehmender Übung kann das Spiel variiert werden: Statt steter Einzelklänge können auch melodische und rhythmische Motive wiederholt werden. Außerdem gibt es bei erneuter Aufforderung jedes Mal die Möglichkeit, andere Klänge zu wählen. Oder es werden Zeichen vereinbart, mit denen per Dirigat zusätzlich Lautstärke- und Tempoveränderungen angezeigt werden.

Mit präzisen Schlägen werden unterschiedliche Klangfarben hörbar.

Die Musikstücke sollten gemeinsam besprochen und können später gegebenenfalls notiert werden – sei es verbal oder mit frei erfundenen Zeichen im Stil grafischer Partituren.

So kann das Improvisationsspiel im „Klangwald" mehr und mehr zu einem Kompositionsspiel werden. Das dirigierende Kind komponiert quasi im Stegreif experimentelle Musik. Es wählt Klänge aus, kombiniert sie in verschiedenen Konstellationen, verwirft sie und nimmt neue hinzu, schaltet alle aus und wieder ein, womit auch Stille als Kompositionselement hörbar wird. Fehler können in diesem Spiel übrigens nicht gemacht werden, weil es grundsätzlich kein Richtig und Falsch gibt. Beliebig oder belanglos klingt die erfundene Musik trotzdem nicht.

Im Umgang mit den experimentellen Instrumenten und vor allem im Spiel miteinander erwerben alle Beteiligten grundlegendes Wissen über Musik. Zum Beispiel erfahren sie etwas über musikalische Parameter: Das sind Klangeigenschaften, aus denen jede Musik besteht und deren Bestimmung zum Komponieren gehört – die Festlegung von Tonhöhen, Lautstärken, Dauer und Klangfarben etc. Hinzu kommen Fragen der Form und Satztechnik:

- wie ein Stück anfängt und aufhört,
- welche Klänge im Vorder- und Hintergrund spielen,
- ob Rhythmen und/oder Melodien solistisch hervortreten oder eher die Begleitung ausmachen,
- ob Klänge sich im Zusammenspiel verdichten, Kontraste bilden, ein- oder mehrstimmig erklingen…

All dies sind ästhetische Gestaltungsfragen, die im Umgang mit Musik wesentlich sind.

Erfahrungsgemäß ist der Gestaltungsdrang der Komponist/inn/en im Klangkabinett kaum zu bremsen. Kein Wunder: Haben sie jemals zuvor Gelegenheit gehabt, eigenständig Musiker anzuleiten, die ihren Anweisungen folgen, und damit ihre eigene Musik selbst erfunden?

Allerdings erfinden die Dirigent/inn/en die Musik nicht allein. Die Instrumentalist/inn/en des Klangkabinetts gestalten sie wesentlich mit. Denn die Entscheidung, *welche* Klänge *wie* gespielt werden, liegt bei den Musiker/inne/n – das dirigierende Kind gibt nur die Einsätze, die Spieldauer und vielleicht die Lautstärke an. Somit sind alle Kinder gemeinsam an der Gestaltung der Musikstücke beteiligt. Und es bleibt bis zum Schluss spannend, da niemand vorausahnen kann, wie das Spiel der anderen klingen wird.

Improvisationsregeln dieser Art bieten vielfältigste musikalische Gestaltungsspielräume an. So können Kinder ihre Musik selbst (er)finden, ohne dass musikalische Bildung vorausgesetzt werden muss. Sie kann aber auf die hier vorgestellte Weise grundlegend aufgebaut werden.

Projektauswertung: Verhalten der Kinder

Insgesamt hatten wir sechs Kinder zum Projekt eingeladen: drei Mädchen im Alter von zwei, vier und fünf Jahren sowie drei Jungen im Alter von drei, vier und nochmals vier Jahren.

Wir haben ihr Verhalten im Klangkabinett nicht als willkürlich erlebt, sondern als Interaktion mit dem gestalteten Raum. Die Fotos, die die Kinder beim Spiel auf den Instrumenten zeigen, dokumentieren das.

In anderen Situationen und Räumen kann es natürlich sein, dass Kinder sich anders verhalten, als wir es erlebt haben. Wir können daher nicht erwarten, dass sie immer in gleicher oder ähnlicher Weise mit dem Instrumentarium umgehen. Wir hatten dennoch den Eindruck, dass es kein Zufall war, mit welcher Haltung und Ein-

stellung sie den Objekten begegneten. Und wenn dieser Eindruck nicht täuscht, kann das Verhalten der Kinder (zum Teil wenigstens) auch als verallgemeinerbar gelten.

Die Idee des Klangkabinetts setzt voraus, dass Raumsituationen mit ihrem Ambiente wie der Raumatmosphäre pädagogische Prozesse beeinflussen können. (Inzwischen ist die Bezeichnung des Raums als „dritter Erzieher" in aller Munde.) Insofern war es für uns spannend zu beobachten, wie Kinder auf die Gestaltung des Raums tatsächlich reagieren würden. Ich will deshalb hier vor allem auf die *Klangforschungsphase* eingehen, also das Verhalten der Kinder, nachdem sie den Raum betreten und die Instrumente zum ersten Mal gesehen und gespielt haben.

Die These vom Aufforderungscharakter des Instrumentariums hätte vermuten lassen können, dass Kinder in ihrer Spiel- und Bewegungslust im Klangkabinett sehr spontan und impulsiv agieren. Jedenfalls hatten wir mit viel Lärm und Aktivität als Ausdruck ihrer Neugier gerechnet –

Kinder reagieren auf den gestalteten Raum.

mit kreativem Chaos. Doch es kam anders.

Wider Erwarten betraten die Kinder den Raum mit großer Zurückhaltung und Respekt. Fast schien es so, als wollten sie die Objekte zunächst nicht einmal berühren, sondern nur auf sich wirken lassen. In ihren erstaunten Blicken war sichtbar, dass das Klangkabinett für sie etwas Besonderes, nichts Alltägliches war. Die Installation hatte den Raum – für einige von ihnen war es ein vertrauter Spielraum – offenbar auf merkwürdige Weise verwandelt, vielleicht sogar ein wenig verzaubert.

Wo auch immer die Gründe dieses Respekts liegen mögen: Letztlich kann man darüber nur spekulieren. Zumindest aber war bei aller Zurückhaltung der Kinder unverkennbar, dass das Arrangement für sie attraktiv und interessant war. Nicht zuletzt waren sie selbst es, die den Raum durch ihr Verhalten in eine Stimmung tauchten, die von Achtsamkeit und Intensität ihrer Wahrnehmung geprägt war.

Erste Versuche, die Instrumente zum Klingen zu bringen, unternahm das älteste Mädchen. Die anderen Kinder schauten und hörten ihr dabei aufmerksam zu. Sie entschied sich zunächst für Klangkörper, deren Bedienung offensichtlich war: Tontöpfe, klingendes Besteck, Röhrenglockenspiel und Xylophon – alle mit danebenliegenden Schlägeln, die unmissverständlich zum Anschlagen aufforderten.

Anfangs noch zögerlich folgten ihr allmählich auch die kleineren Kinder, auffälligerweise erst die Mädchen, später die Jungen. Trotz des gleichzeitigen Spiels, das sich zunehmend entwickelte, passierte es immer wieder, dass sich die Kinder zwischendurch gegenseitig zuschauten und

Im Material verstecken sich viele Klänge.

-hörten. Nur selten kam es dazu, dass alle gleichzeitig drauflosspielten, sodass die Kulisse nicht in dauerndes Klangchaos mündete. Erst mit der Zeit wurde auch heftiger angeschlagen, erwartungsgemäß eher von den Jungen. Besonders das Xylofon aus Latten und Brettern hatte es einem der Vierjährigen angetan; wogegen sich das jüngste, erst zweijährige Mädchen davon unbeeindruckt und fasziniert in die Klangwelt des Bestecks zurückzog.

Erneut fiel auf, was in Kindergarten und Schule tagtäglich zu sehen ist: die erstaunliche Fähigkeit von Kindern, sich trotz großer Unruhe konzentrieren zu können, sofern ihr Interesse groß genug ist. Offenbar fällt es ihnen leichter als vielen Erwachsenen, ihre Wahrnehmung selektiv auf Dinge zu richten, die sie spannend finden, während sie störende Wahrnehmungseinflüsse intuitiv ausblenden können. Nicht selten sind Kinder in solchen Momenten der Versenkung

partout nicht ansprechbar. Und wahrscheinlich könnten sie ohne diese Fähigkeit in der Unruhe pädagogischer Institutionen kaum je etwas lernen.

Für die Arbeit im Klangkabinett folgt daraus, dass in der Klangforschungsphase mitunter auch gleichzeitig impulsives Spiel erlaubt sein muss. Für Pädagogen, die diesen Stress aushalten müssen, ist dies weit anstrengender als für Kinder. Doch im Vertrauen auf die kindliche Konzentrationsfähigkeit sollten sich auch Lehrer/-innen und Erzieher/-innen darin üben, Kinder möglichst unreglementiert Klänge erforschen zu lassen. Das geht nicht lautlos und braucht seine Zeit.

Andererseits würde wohl auch das kindliche Interesse an Klängen vermutlich schnell versiegen, wenn pausenlos Krach gemacht würde. In unserem Falle regelte sich das von selbst. Pulsierende Phasen, in denen mehrere Akteure gleichzeitig spielten, wechselten mit zurückhaltend solistischen, in denen man sich gegenseitig gut zuhören konnte.

Erst als das Forschungsinteresse einiger Kinder sich allmählich legte (was mit etwa 30 Minuten länger dauerte als erwartet) wurde den Kindern eine einfache Improvisationsregel vorgestellt, mit der sie gemeinsam Musik machen konnten.

Am Ende fanden wir unsere Behauptung bestätigt: Mit sorgfältig ausgewähltem Klangmaterial können Kinder auf experimentelle Weise eigene „Musik spielend erfinden". ◄

Literatur: Schwabe, Matthias: **Musik spielend erfinden.** Improvisieren in der Gruppe für Anfänger und Fortgeschrittene. Kassel: Bärenreiter 1992

Brücken bauen

Basteln als offener Gestaltungsprozess

Text: Kirsten Winderlich unter Mitarbeit von Johannes Winter | Fotos: Nick Ash

Greift man das Basteln im Kontext ästhetischer und künstlerischer Arbeit mit Kindern auf, so erschließt es sich unter völlig neuen Vorzeichen auf unerwartete Weise. Wo Basteln in herkömmlicher Weise als handwerklich orientiertes Produzieren von Objekten nach vorgegebenen Formaten oder Modellen verstanden wird, da können sich neue Perspektiven öffnen. Begreift man jedoch Basteln als fantasiegeleitetes, ganz eigenwilliges und eigensinniges Zusammenfügen, als Ausprobieren und Erfinden, als „wildes" Bauen und Denken, dann erst kann wirklich Neues entstehen.

Altersgruppe
Kinder im Alter von
4 bis 6 Jahren

Räumliche Voraussetzungen
- Atelier
- Werkstatt

Materialien
- breite, 10 m lange Wachstuchbahn
- 10 m lange weiße Papierbahn
- Krepp-Band

Vielfältiges Material, das sich entweder zum Stapeln, zum Verbinden oder zum Formen/ Gestalten eignet, z.B.:
- Schnüre, Bänder, Seile, Gummibänder
- Draht unterschiedlicher Stärke
- Pappschachteln, Kartons, Pappröhren
- Folien (z.B. Frischhalte- oder Alufolie)
- Klammern aller Arten
- Stäbe und Stöcke

Kindern durchführt, Matchboxautos in ungefähr 20 Zentimetern Abstand voneinander. Die Kinder sind zunehmend gespannt. Und es gibt sogar noch andere neue Dinge im Raum.

Material, das anregt

An der Seite der Papierbahn ist ein Materiallager aufgebaut. Auf den ersten Blick sind sofort diverse Schnüre, Bänder und Seile zu erkennen. Dann liegen dort Pappschachteln, -rollen und kleine Kartons. Verschiedene Papierformate in allen Farben sind genauso zu finden, wie Aluminiumfolien und unterschiedliche Drähte, Tesakrepp-Rollen, Lampions und Bambusstäbe. Beim näheren Hinsehen und Stöbern tauchen in Behältern diverse Klammern, Knetgummi und Gummibänder auf. Es handelt sich um ein Sammelsurium

im wahrsten Sinne des Wortes, doch sind die Dinge hier nicht willkürlich aufgetürmt. Entscheidend für das Unternehmen der Kinder ist, dass die Materialien nicht nur zum experimentellen Umgang anregen, sondern dass sie sich ohne komplexe Hilfsmittel, die technisches Know How erfordern, auf vielfältige Weise zusammenfügen lassen.

> *Gewünscht ist eine Aufgabe, die im Rahmen des räumlichen Arrangements die Fantasie der Kinder herausfordert und sie vor ein Problem stellt, das sie gern lösen wollen.*

Ideen, die inspirieren

Hätte der durch die weiße Bahn verfremdete Raum die Kinder nicht gebannt, hätten sie sich wahrscheinlich auf das Material gestürzt und sofort begonnen, auszuprobieren, was man damit alles anstellen kann. Die durch den veränderten Raum erzeug-

Wie lassen sich offene und „wilde" Gestaltungsprozesse bei Kindern im Vorschulalter anregen und begleiten? Das hier vorgestellte Projekt zeigt eine Möglichkeit.

Raum für Kreativität

Für dieses Projekt steht ein großer Raum zur Verfügung, der mit einer ca. 1,50 Meter breiten und ca. 10 Meter langen roten Wachstuchbahn ausgelegt ist. Die Kinder betreten diesen für sie auf neue Art gestalteten Raum und nehmen auf einer parallel zur Bahn aufgestellten Turnbank Platz. Nachdem sich die Kinder gesetzt haben, wird vor ihnen eine ca. 10 Meter lange Papierbahn ausgerollt. An beiden Breitseiten platziert Johannes, ein Student, der das Projekt mit den

Der Raum ist auf eine Weise gestaltet, die für die Kinder überraschend und neu ist.

te Aufmerksamkeit und Spannung lässt sich hervorragend nutzen, um die Kinder mit einer besonderen Aufgabe zu konfrontieren.

Die Zielsetzung wird von Johannes erzählend vorgestellt: „Stellt euch vor, diese große lange Bahn ist ein Fluss, ein reißender gefährlicher Fluss, und die Autos, die hier am Ufer stehen, müssen auf die andere Seite. Wie kommen sie auf die andere Seite? Könnt ihr ihnen dabei helfen?"

Die Kinder antworten fix:

- „Fliegen!"
- „Schwimmen!"
- „Tauchen!"
- „Über eine Brücke!", rufen einige Kinder sofort.

Die Autos könnten über eine Brücke auf die andere Seite gelangen. Eine sehr gute Idee! Die Kinder werden zu Brückenbauern. Jedes Auto soll eine Brücke erhalten, eine Brücke, über

die es fahren kann, ohne dass sie einbricht, ohne dass das Auto ins Wasser stürzt. Ist ein solches Bauvorhaben mit dem vorhandenen Material möglich? Natürlich! Für die Kinder ist das kein Problem!

Erste Versuche

Interessanterweise beginnen die Kinder nicht sofort mit dem Bau, sondern sie stellen diverse Überlegungen an und diskutieren diese mit den anderen Kindern. Engagiert gestikulie-

Dass zu Beginn eher Wege entstehen und keine Brücken, ist kein Problem und wird selbstverständlich nicht reglementiert.

Mit der Hand geführt, kann das Auto von der einen zur anderen Seite gelangen.

Kompetenzen im Blickpunkt

Ganzheitliche Förderung:
- visuelle, taktile Wahrnehmung
- Vorstellungsvermögen und Fantasie
- Kreativität im Sinne von Problemlöseverhalten

Spezielle Förderung:
- Bildnerisches Gestalten mit dem Schwerpunkt Bauen
- Technisches Verständnis

Kooperation mit Eltern

- Fotografie
- Bauanleitungen aus der Perspektive der Kinder
- Buch und Ausstellung

Basteln schult die Sprachkompetenz

Eine besondere Erfahrung in offenen Bastel-Werkstätten ist immer wieder die, dass die Kinder beginnen, miteinander zu sprechen, sich zu unterhalten, als wären die Dinge, die entstehen, in diesem Moment der Mittelpunkt der Welt. Sind sie ja auch, denn die Kinder widmen dem Moment des Bastelns all ihre Aufmerksamkeit und Fantasie. Die anderen Kinder, die sich im selben Prozess befinden, werden dabei nicht als Konkurrenten gesehen, sondern als Verbündete, die ähnliche Erfahrungen teilen. Selten ist dabei ein Wort der Abwertung oder gar Missachtung zu hören. Es handelt sich bei den Äußerungen der Kinder gegenüber den anderen Werken eher um Kommentare, die Interesse signalisieren, um Mitteilungen des Staunens oder aber auch um Fragen:

- „Was wird das?"
- „Was machst du da?"
- „Wie hast du das geschafft?"

Die Kinder betrachten neugierig die entstehenden Produkte der anderen und haben Interesse an ihrem Entstehungsprozess. Viele verspüren aber auch große Lust, ihre eigenen Entdeckungen und Produkte zu zeigen: „Schau mal, was ich hier gemacht habe." „Guck mal, meine Brücke funktioniert so. Es ist eine Schwenkbrücke!"

Team- oder Gruppenarbeit und -austausch muss nicht initiiert werden, sondern ist Teil der freien Gestaltung, in dem es sehr wohl das Ziel eines Endproduktes gibt, aber eben kein Vorgegebenes. Und darauf sind alle gespannt und wollen sich austauschen: „Wie sieht meine Brücke, mein Gefährt oder Schiff am Ende aus?"

---

rend werden Ideen verbalisiert, verfolgt oder verworfen:

- Wie kann das gehen, ein Weg soll entstehen von einer Seite zur anderen, von A nach B, ohne dass der Weg den Untergrund berührt?
- Wie kann das gehen, eine Brücke für die kleinen Autos, die Kinder so gern zu ihrem Eigen zählen?

Probieren und Pfuschen gehören genauso zum Prozess des Bauens und Bastelns wie das Umgehen von Schwierigkeiten. So scheinen sich die Kinder zu Beginn nicht sofort an die Aufgabenstellung halten zu wollen. Sie produzieren zum Beispiel Wege aus nebeneinandergelegten Seilen oder aus Knetgummi direkt auf der Papierbahn.

Die Kinder tasten sich an Problemlösungen heran. Zu Beginn versuchen sie durch praktische Versuche, das Problem näher zu bestimmen und erste Wege zu erdenken und erproben, wie es zu lösen sein könnte. Sie isolieren sozusagen das Kernproblem und seine Schwierigkeiten, um dieses dann kreativ bearbeiten zu können. Kern des Gestaltungsprozesses ist hier die Lösung eines konkreten Problems.

Für die Kinder ist der Wegebau über die Papierbahn bzw. den wilden, reißenden Fluss mit dem Erlebnis verbunden, dass sie eine Spur hinterlas-

---

Projektdurchführung

- Vorbereitung des Raumes und Materialbereitstellung
- paralleles Basteln der Erzieherin/des Erziehers als Anregung zum Nachahmen
- sprachliches Begleiten der einzelnen Bauwerke

Reflexion und weitere Initiativen

- hohe Motivation der einzelnen Kinder
- Förderung der Arbeit der Kinder im Team durch Zuteilen der Autos
- Weiterführung des Projektes durch das Bauen von Fahrzeugen und Fliegern

Werkstatt zur Materialerkundung – Hilfe im kreativen Prozess

Um den Kindern in ihrem freien Gestaltungsprozess möglichst wenige Vorgaben zu machen und sie dennoch dazu anzuregen, selbst Möglichkeiten der Gestaltung und des kreativen Problemlösens zu finden, ist es ratsam, vor den eigentlichen kreativen Gestaltungsprozess eine Materialforschungs-Werkstatt zu schalten. Auf einem großen Tisch wird eine Vielfalt an möglichst breit und flexibel einsetzbarem Material ausgestellt. Die Kinder erhalten die Möglichkeit, auszuprobieren, was man mit dem Material machen kann.

Packpapier z. B. kann man …

- ausrollen
- auseinanderfalten
- schneiden
- reißen
- knicken
- krausen
- zusammenknautschen
- durchlöchern …

Mit Packpapier kann man …

- einwickeln
- einpacken
- abdecken
- etwas ver- oder ausstopfen …

Mit Klebeband kann man …

- etwas festkleben
- etwas umwickeln
- etwas markieren
- zwei oder mehr Dinge miteinander verbinden

sen und diese mit dem Auto sogar beleben können. Die angelegte Knetgummispur ist breit genug für ein Matchboxauto. Mit einer Hand geführt, kann das Auto von der einen zur anderen Seite gelangen.

Dieser erste Versuch, das Problem der Brücke gestalterisch zu lösen, regt zu weiteren, neuen Lösungen für die Aufgabe an. Dabei fällt nie ein Urteil, nichts wird bewertet. Niemand behauptet, der erste Versuch sei nicht gelungen oder gar falsch gelöst. Ohne diese ersten Schritte erprobt zu haben, kämen die Kinder nicht zu neuen Ideen, nicht zur Präzisierung der Gestaltung und nicht zur Lösung des Problems.

Präzisierungen

Die Versuche nehmen an Komplexität zu. In weiteren Schritten stecken die Kinder Stäbe in die Knetgummibahn. Sie erinnern an Pfeiler. Das Produkt wächst in den Raum. Wie ein Zaun stehen die Stäbe auf der Bahn. Doch wie soll diese Installation jetzt noch ein Auto tragen? Es fehlt eine Schicht auf den Stäben. Und schon wird ein grünes Krepp-Band auf die Stäbchen

gespießt. Selbstverständlich hält das Papierband kein Auto aus. Wieder scheint dieser Umstand keinen Frust auszulösen, sondern eher anzuregen, für sich und die Autos neue Wege zu suchen. Etwas Stabileres muss her. Ein Junge, der an der Knetgummibahn beteiligt war, schnappt sich zwei Papprühren, legt sie nebeneinander und füllt den Zwischenraum minutiös mit den berühmten Überraschungseidöschen. Wie Schwimmkörper liegen diese dicht an dicht zwischen den beiden Röhren und fordern auf auszuprobieren, wie es ist ein Auto darüberfahren zu lassen. Es gelingt und die Freude ist groß!

Die Baustelle des Jungen, der sich einen ersten Weg über die Bahn mit Stricken gelegt hat, ist ebenfalls nicht mehr wiederzuerkennen. Über den Stricken steht jetzt ein spitzes Pappdach. Warum den Weg über ein Gewässer nicht als Tunnel anlegen? Diese Idee hat seit Beginn der gemeinsamen Arbeiten niemand ausgesprochen, für den Gestaltungsprozess dieses Jungen ist er dennoch absolut naheliegend und notwendig.

Die Brücke wächst gen Himmel, aber wird sie stabil genug sein?

Die unterschiedlichsten Projekte nehmen Form an, ohne Konkurrenzneid beflügeln sich die Kinder gegenseitig.

Und auf ähnliche Weise muss sich auch ein Dritter gefragt haben, ob es nicht doch mit dem Fliegen als Überbrückung klappen könnte. Versunken und eher am Rand des Geschehens probiert dieser Junge einen Weg mit Luftballon und einem Körbchen aus einem Lampion aus, in dem bestimmt auch mehr als ein Auto Platz finden würde.

Reflexion – neue Erfahrungsräume

Die Lust zum Basteln wurde in diesem Projekt im Sinne eines von den Kindern ausgehenden schöpferischen, eigensinnigen Gestaltungsprozesses über die Raumgestaltung, die Materialauswahl und die Aufgabe des Brückenbaus angestoßen. Dieses besondere Setting regte die Kinder zu individuellen Forschungsprozessen an, wobei sich ihr Forschungsinteresse nicht nur auf ein zielgerichtetes Lösen der Aufgabe bezog, sondern auf ganz unterschiedliche Fragen, die sich erst im Prozess des fortlaufenden Probierens und Bastelns ergaben:

Basteln aus erwachsener Sicht

Aus dem Portfolio einer Studentin des „Laboratoriums Zeichnen" der Freien Universität Bozen:

Ich war ganz überrascht. Das Basteln war ganz anders, als ich es mir vorgestellt habe. Im Kindergarten und in der Schule gab es immer jemanden, die oder der besser bastelte, die oder der bessere Ideen hatte. Diese Person galt es zu übertreffen. Warum eigentlich? Hier ist es anders. Der freie Umgang mit dem Material hat mir sehr viel Freude bereitet. Ich war glücklich, einfach anzufangen, ohne ein konkretes Bild vom Endergebnis zu haben. Das ist es, glaube ich, auch, was Kinder antreibt beim Basteln. Es motiviert sie vermutlich, dass es beim Basteln, so wie wir es betrieben haben, immer einen Weg gibt. So war es auch bei mir. Als wir in unserem Laboratorium jeder eine Rolle Packpapier und eine Rolle Krepp-Papierband bekamen, verbunden mit der Aufgabe, einen Sonnenhut zu basteln, war ich ehrlich gesagt sehr ratlos. Doch nach einigem Herumprobieren – das habe ich mich interessanterweise getraut – begann die Sache langsam Form anzunehmen. Es war spannend zu erleben, wie viel man aus so einfachen Materialien machen kann. Nachdem ich eine Grundform für meinen Hut entwickelt hatte, ging es an die Feinarbeit. Das Material und die Faszination über die Vielfalt der Möglichkeiten ließ mich und auch die Studentinnen und Studenten nicht mehr los. Wir begannen, weitere Kleidungsstücke aus Packpapier und Kreppband zu gestalten. Es entstanden wallende Ballkleider, Ritterrüstungen bis hin zu einem Astronautenanzug.

Nun könnte man meinen, diese Bastelgeschichte wäre ein singuläres Erlebnis. Bei weitem gefehlt! Das Basteln an einem Fahrzeug hat mich ebenso beeindruckt, vielleicht sogar noch ein wenig mehr. Hier war es für mich sehr interessant, meinen eigenen Gestaltungsprozess zu beobachten. Ohne bereits eine Vorstellung von dem Gefährt zu haben, breitete ich erst einmal alle Dinge und Materialien, die ich für diese Übung mitgebracht hatte, vor mir aus und probierte. Einige Dinge passten sofort zusammen. Mit diesen begann ich, mein Auto zu bauen, das sich später zu meinem eigenen Erstaunen als Sportwagen entpuppte. Der Bau der kleinen Details und Raffinessen motivierte mich besonders, und so verbrachte ich viel Zeit damit, die Räder für meinen Flitzer anzufertigen.

- Wie dick muss die Knetgummibahn angelegt sein, damit die Stäbe senkrecht Halt finden?
- Kann ein Auto über nebeneinandergelegte Seile fahren?
- Wie straff müssen die Seile gezogen werden, damit sie einen für das Auto ausreichend stabilen Fahruntergrund bilden?

Es wurde deutlich, dass sich die Kinder während des Brückenbaus nicht ausschließlich mit Gestaltungsfragen beschäftigten, sondern gleichermaßen in den Bereich der basalen naturwissenschaftlichen Erfahrungen vorstießen. Die Kinder beschäftigen sich neben der Gestaltung ihres Bauwerks auch mit Statik und mit Fragen der Materialdichte und -festigkeit. ◄

Einen Farbspielplatz einrichten

Kunst in der Kindertageseinrichtung

Text: Ute Heuer | Fotos: Gerd Gockell, Roland Schmidt

Handlungsanleitungen wirken manchmal einschränkend, sie können schnell zur Überforderung und schließlich zu Desinteresse führen. Wo Kinder jedoch Freiheiten haben und nicht durch produktorientierte Erwartungen eingeengt werden, hat der Prozess den Vorrang, und die Kreativität der Kinder entfaltet sich ganz von allein. Sie formulieren eigene Ideen und finden selbst Lösungen für gegebene Probleme. Kreatives Denken und Handeln sowie das kindliche Repertoire an Handlungsmöglichkeiten werden durch ästhetische Erfahrungen und praktisches Tun systematisch gefördert.

Altersgruppe
Kinder im Alter
von 4 bis 6 Jahren

Räumliche Voraussetzungen
Gruppenraum,
der leer geräumt wird

Materialien
- lange und breite Kraft-
  Papierbahnen (um Wände
  und Boden zu bekleben)
- Acrylfarben
- Papierkreise,
  1,2 m Durchmesser
- Schutzkleidung für die Kinder
- Handcreme

Die Idee zum Projekt

Kunst in eine Kindertageseinrichtung zu bringen, war ein lange von mir gehegter Herzenswunsch. Als bekannte Künstlerin und Mutter einer Tochter im Kindergartenalter ist mir das forschende Interesse der Kinder an Kunst nicht entgangen. Kinder zeigen in ihrer Welterkundung große Neugier und eine spielerische Motivation. Ich fühlte mich herausgefordert, diese zur Entfaltung zu bringen, indem den Kindern in ihrem Forschen keine Grenzen gesetzt, sondern Möglichkeiten eröffnet werden sollten.

Die pädagogischen Fachkräfte der Einrichtung, die meine Tochter besucht, wussten, dass ich von Beruf bildende Künstlerin bin. Sie waren an meiner Arbeit stets sehr interessiert. In der Regel setzen sich Erzieher und Erzieherinnen während ihrer Berufsausbildung nicht vertiefend mit künstlerischen Handlungsweisen und Strategien auseinander. Kreativität gilt jedoch als Schlüsselkompetenz des Bildungskanons.

Im Gespräch miteinander entwickelte sich ein auf zwei Säulen beruhendes Konzept für die Zusammenarbeit, die aus der professionellen Schnittstelle zwischen Künstlerin und Kindertagesstätte erwachsen sollte. Mit dem zentralen Ziel der Vermittlung einer künstlerischen Position wurden folgende Aktivitäten beschlossen:

1. die Durchführung einer Projektwoche mit den Kindern sowie
2. die Weiterbildung der pädagogischen Fachkräfte.

Ich habe von Beginn an Wert darauf gelegt, meine Arbeit mit den Kindern nicht auf allgemeingültige pädagogische Vermittlungsstrategien zu beschränken. Mein Ziel war es, für alle Beteiligten meine „künstlerische Position" greifbar zu machen – natürlich unter Berücksichtigung der kindlichen Interessen und Möglichkeiten. Aber gerade darin bestand die besondere Herausforderung. Weil ich keinesfalls in die pädagogischen Kompetenzen der Erzieherinnen eingreifen wollte, beschlossen wir, im Rahmen des Projekts im Team zu arbeiten.

Die künstlerische Position

Meine künstlerische Position ist die „Konzeptuelle Farbmalerei". Sie beschäftigt sich mit dem Farbmaterial als solchem und untersucht den Entstehungsprozess der Malerei. Dabei werden nach einem bestimmten Konzept farbmalerische Untersuchungen vorgenommen, die dann zur zentralen Bildaussage führen. Meine Arbeit ist von grundsätzlichen, forschenden Fragen geleitet: Wo beginnt die Malerei? Ab welchem Moment wird Farbe künstlerisch relevant? Malerei wird oft eingesetzt, um ein Abbild der Realität herzustellen. Wann wird sie aus sich selbst heraus als eigenständiges Medium wahrgenommen?

Ein Beispiel: Ich untersuche Malerei, indem ich sie auf nur *einen* Pinselzug reduziere. Mehrere leere Leinwände liegen auf dem Boden und werden jeweils mit nur einer Ölfarbe pastos (dick, wie mit Paste) eingestrichen. Danach werden die so bestrichenen Leinwände Stoß an Stoß in einer Linie zusammengeschoben und fixiert. Dann zieht ein Pinsel, der so breit ist wie das breiteste Bild (das kann bis zu 2,5 m breit sein) durch die aufgetragene Farbe. Das erste Bild bleibt naturgemäß – da der Pinsel ja noch ganz sauber ist – monochrom (einfarbig). Doch schon wenn der Pinsel auf die zweite Leinwand trifft, vermischt

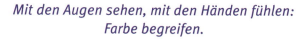

Mit den Augen sehen, mit den Händen fühlen:
Farbe begreifen.

sich der erste Farbton mit dem der zweiten Leinwand. So geht es weiter mit der dritten, vierten... Immer mehr Farben treffen durch diesen einen Pinselzug aufeinander, vermischen sich miteinander und hinterlassen ihre Spuren auf der Leinwand. Das letzte Bild ist dann der „Träger" aller Farben. Während des Ziehens wird der Pinsel weder angehalten noch abgehoben. Er zieht in einer kontinuierlichen Bewegung über die Leinwände. Das ist wichtig. Nur so kann später der Betrachter der Bilder den Entstehungsprozess genau nachverfolgen. Sehr wichtig ist mir die Transparenz des Malvorgangs: Was sehe ich? Was ist passiert? Wie ist es entstanden? Das fertige Bild wird in der Reihenfolge seiner Entstehung präsentiert.

Meine Malerei versteht sich als Rückgriff auf unser ursprüngliches Sehen. Ich suche in dieser Ursprünglichkeit einen Erkenntnisgewinn, indem ich die Malerei reduziere. Im Blickpunkt steht die zentrale und erste Handlung eines jeden Malers: der erste Pinselstrich, der zwei Farben miteinander vermalt. Dieses Konzept offenbart einen – dem Zufall überlassenen – Makrokosmos an malerischen Möglichkeiten. Es ist weder vorhersehbar noch planbar, wie sich die Farben vermischen. Im Zentrum der Bildaussage stehen die Farbe und ihr Verhalten als Malmaterial. Diese elementare künstlerische Position eignet sich besonders gut, um sie an Kinder weiterzuvermitteln. Auch sie stehen am Anfang ihrer Erfahrungen und beginnen ihre Erkundungen ebenfalls mit einem übergroßen Interesse an den Grundfarben und Formen. An diesen Erfahrungen mit den Grundelementen nehmen sie dann in späteren Jahren Differenzierungen vor, die ihnen einen komplexeren Umgang mit der Welt ermöglichen.

Der Aspekt der Weiterbildung

Ein wesentlicher Teil des Projektes ist die Weiterbildung der Erzieherinnen und Erzieher. Sie geht dem Projekt voraus und findet im Künstleratelier statt. Die Projektwoche mit den Kindern allein würde nicht die Nachhaltigkeit erreichen, die eine gleichzeitige Fortbildung der pädagogischen Fachkräfte hat. Nur wenn auch sie Gelegenheit bekommen, ihre Denkstrukturen weiterzuentwickeln, verändert sich die Vermittlung ästhetischen Schaffens im Alltag.

Im Atelier kann nicht nur der Entstehungsprozess der künstlerischen Position nachvollzogen, sondern allen Fragen über den künstlerischen Werdegang nachgegangen werden. Vermutlich werden dabei viele Klischees entzaubert und die Vielseitigkeit der künstlerischen Denkprozesse

Malen „without limit".

Kompetenzen im Blickpunkt

Ganzheitliche Förderung:
- visuelle und räumliche Wahrnehmung
- Bewegungskompetenz
- soziale Kompetenz
- Sprachkompetenz

Spezielle Förderung:
- bildnerisches Gestalten
- Farbwahrnehmung

Kooperation mit Eltern

Aktives Einbeziehen:
Elternabend zur Information
- Bitte um Ausstattung der Kinder
- Eltern als Ausstellungsbesucher

Dokumentation:
- Fotoreihe
- Foto-Bilderbuch

verdeutlicht. Es ist wichtig, einen intensiven Einblick in die künstlerischen Produktionsweisen und Strategien zu vermitteln.

Im weiteren Mittelpunkt der Weiterbildung soll das eigene praktische Arbeiten der Erzieherinnen stehen. Sie arbeiten mit den gleichen Künstlerfarben, die später auch den Kindern zur Verfügung stehen. Sie lernen in der Gruppe das Farbmaterial kennen und noch einmal ganz neu: das Farbmischen. Auch sie haben die Möglichkeit, Farbe ganzheitlich kennenzulernen. Sie bauen Berührungsängste ab und entdecken Farbe neu. Anders als bei den Kindern steht den Erziehenden oft ihre eigene Erwartungshaltung im Weg. Es dauert eine Weile, bis sie sich der Farbe als solches hingeben und ins Experimentieren geraten. Loslassen fällt Kindern leichter als Erwachsenen. Hier sind Kinder eindeutig die Kompetenteren.

Wichtig ist auch hier die Teamarbeit, es gibt hier wie später im Projekt keine individuelle Urheberschaft an einem Bild.

Der letzte Schwerpunkt der Weiterbildung ist die Vorbereitung der Projektwoche. Alle Vorgehensweisen werden gemeinsam abgestimmt, sie

Der gelbe Tag:
„Siehst du meinen gelben See?"

sollen sich in die alltäglichen Strukturen der Einrichtung integrieren. Punkt für Punkt wird jede Einzelheit vorbereitet und geplant. Die Projektwoche selbst wird so aufgeladen von Aufregung und Arbeitsaufkommen sein, dass es wichtig ist, mich selbst vorzubereiten und alle Beteiligten und die Umgebung gut darauf vorzubereiten. Eine zentrale Frage ist z. B: Wo ziehen sich die Kinder um, und wie weit ist es bis zur Waschgelegenheit? Wenn dies nicht durchdacht ist oder die entsprechenden Räumlichkeiten es nicht hergeben, leidet die Projekt-

woche unter unnötiger Belastung. Man stelle sich 20 Kinder vor, die, von Kopf bis Fuß mit frischer Farbe bemalt, aus dem Malraum kommen und nicht wissen, wohin ... das Chaos ist vorprogrammiert. Das gemeinsame Vorbereiten gibt zudem den pädagogischen Fachkräften Sicherheit, denn ein solches Projekt überschreitet jeden im Alltag gewohnten Rahmen. Sorgsame Vorbereitung hat bis jetzt immer zu einer tollen Projektwoche beigetragen.

Die Projektwoche durchführen

Die primäre Neugier der Kinder auf das Material Farbe deckt sich mit meinem künstlerischen Interesse. Ich will den Kindern während der schöpferischen Prozesse grundlegende Kenntnisse in drei Bereichen vermitteln:

* in der Farbwahrnehmung,
* in der Farbtechnik und
* in der Farbmischung.

Der Farbspielplatz

Welcher Rahmen würde meinen vielschichtigen Vorstellungen auf möglichst einfache Weise gerecht werden können? Um die Farbwahrnehmung der Kinder gezielt zu schärfen, entwickelte ich ein sehr reduziertes, konzentriertes Konzept: den Farbspiel-

---

Projektdurchführung

* Leerräumen der Kindertagesstättenräume und Verwandlung in einen „White Cube"
* pro Tag Einführung einer Farbe
* Vorbereitung – Kinder bemalen mit der jeweiligen Farbe einen Kreis
* es folgt der Raum, das Malen „without a limit"
* Ausstellung
* Kinder als Ausstellungsführer/Eltern als Besucher

Reflexion und weitere Initiativen

* einzelne Farbräume sprechen das emotionale Erleben stark an
* Gefühle aufgreifen
* die Aktion und die durch sie ausgelösten ästhetischen Erfahrungen bieten Anlass über die Gestaltung der Kindertagesstätte im Allgemeinen nachzudenken

platz. Jeden Tag beschäftigen sich die Kinder mit nur einer Grundfarbe, mit der sie völlig frei gestalten können. Wie auf einem Spielplatz, auf dem sie ihren eigenen Motivationen folgen, können sie sich unbegrenzt ausleben und erproben. Sie gehen über das übliche, reduzierte Format eines Zeichenblocks weit hinaus und gestalten farbmalerisch einen ganzen Raum. Mein Vermittlungskonzept sieht vor, die einzelnen Grundfarben Rot, Blau und Gelb sowie Schwarz und Weiß tageweise zu erarbeiten.

Der Gruppenraum hat sich verändert: white cube.

Der erste Maltag: Schwarz, Weiß, Grau.

Das Projekt durchführen

Für die Projektwoche wird ein Gruppenraum vollständig ausgeräumt. Gemeinsam mit den Erzieherinnen bereite ich den Raum vor, wir kleben die Wände komplett mit weißem Kraftpapier ab.

Bereits das Betreten dieses „White Cubes" wird für die Kinder zu einem Erlebnis. Ihr vertrauter Raum hat sich verändert: Der weiße Raum lässt sie sich selbst und die anderen neu wahrnehmen. Es gibt viel Gesprächsbedarf bei den Kindern:

- Sieht so ein Atelier aus?
- Ist das unser Gruppenraum?
- Wie fühlt sich das an?
- Fühl mal, das Papier ist warm.

Annäherung an Farbe

Die Projektwoche beginnt: Angestrebt ist die erste Annäherung an Farbe und an das Farbmischen. Am ersten Tag malen die Kinder ausschließlich mit den Farben Schwarz und Weiß. Sie lernen zudem, die dazugehörigen Zwischentöne zu mischen: Hellgrau, Grau, Dunkelgrau. Es ist mir wichtig, dass sie sich auch über ihre Wahrnehmungen verständigen, dass sie die Farben zunehmend genau benennen und unterschiedliche Abstufungen erkennen und kommunizieren können. Die Erfahrungen der Kinder werden spielerisch immer

wieder in Liedern und Spielen aufgegriffen und somit vertieft. In einem Spielkreis werden die gesammelten Erfahrungen spielerisch reflektiert:

- (Sockenspiel) Welche Farben haben heute deine Socken?
- Kennst du ein Tier, das diese Farbe hat?
- Welches ist deine Lieblingsfarbe?
- Kann ein Gefühl eine Farbe haben?
- Was haben wir gestern gemacht?
- Was haben eure Eltern gesagt, als sie die Farbe in den Haaren entdeckt haben? usw.

Am zweiten Tag arbeiten wir mit der Farbe Gelb. Jetzt lernen die Kinder, auch die Farbtöne Grün und Orange zu mischen. Sie erfahren, dass die neuen Farben auf den getrockneten vom Vortag decken. Sie benötigen also nicht nur weiße Flächen, um zu malen, sie können auch übermalen. Das ist für die meisten Kinder neu.

Es folgt am nächsten Tag Rot mit den Nebenfarbtönen Lila und Orange. Rot ist eine aufwühlende Farbe. Welche Erfahrungen haben die Kinder bisher mit Rot gemacht?

Am letzten Tag die Farbe Blau mit ihren Nebenfarbtönen. Blau ist eine beruhigende Farbe. „Mir macht Blau Spaß", sagt ein Kind.

Beim gemeinschaftlichen Malen des Tagesfarbkreises erfolgt eine erste Berührung mit der Farbe, die mit ganzem Körpereinsatz über den großen Kreis verteilt wird. Dann bekommen die Kinder jeder einen durchsichtigen Becher, der die Farbe des Tages mit den jeweiligen Mischfarben enthält (z. B. Gelb/Hauptfarbe mit einem kleinen Tropfen Blau/Nebenfarbe). Nun benennt jedes Kind diese Farben, mischt sie zusammen und benennt das Ergebnis. Jedes Kind hat eine andere Farbkombination bekommen. Jedes beobachtet auch, was die anderen Kinder wohl gemischt haben.

> *Im Austausch über die Wahrnehmungen festigt sich das Beschreibungsvokabular für ästhetische Erkenntnisse.*

Es schließt sich das freie Arbeiten im Raum an. Eigenständig malen sie im Raum, an der Wand und auf dem Boden. Tropfen, Kleckern, Gießen und mit den Händen malen – alles ist ausdrücklich erlaubt und erwünscht! Das ist neu für die Kinder. Nach anfänglicher Scheu entdecken sie schnell die Möglichkeiten, die diese Freiheiten beinhalten:

Der zweite Maltag: Gelb –
„Die Sonne scheint".

Der dritte Maltag: Rot –
„Kampf mit dem roten Ritter".

Der vierte Maltag: Blau –
„Schwimmen im Meer".

- Sie mischen die Farben auf dem Papier.
- Sie spielen mit Farbe.
- Sie entdecken Farbräume, Farbverhalten und Malmaterialen.

Die Farbstation

An der Farbstation bekommen die Kinder Nachschub. Hier bekommen die Erzieherinnen die Möglichkeit zur Interaktion. Die Kinder müssen die gewünschte Farbe benennen und sagen, woraus diese gemischt wird. Erst, wenn das Kind weiß, welche Farbe es will und wie es diese Farbe mischen kann, bekommt es sie auch. An der Farbstation lernen die Kinder, ihre Erfahrungen zu reflektieren und zu verbalisieren.

Der Raum unterliegt einer ständigen Veränderung, da jeden Tag eine neue Grundfarbe mit ihren Nebenfarben hinzukommt. So ist der erste Tag von dem grafischen Charakter der schwarz-weißen Farbskala bestimmt.

Der nächste Tag scheint dann mit der Farbe Gelb den Frühling einziehen zu lassen. Die Kinder empfinden den Unterschied zu den Kontrastfarben Schwarz und Weiß sehr stark. Die unterschiedlichen Gefühle, die Farben auslösen, werden bewusst wahrgenommen. Die Veränderung, die der Raum täglich erfährt, ist enorm. Je nach den Fähigkeiten der Gruppe

sollte dies auch in die Reflexionen mit einfließen. Kinder beschäftigen sich gern mit Fragen wie z. B.:

- Welche Farbe macht Mut?
- An welchem Farbtag fühle ich mich am wohlsten?
- Ist Blau eine warme Farbe?

Manchmal ergibt sich auch die Möglichkeit, im getrockneten Raum noch vor dem Malprojekt einen Singkreis oder eine Erzählgruppe stattfinden zu lassen. Dies finde ich sehr begrüßenswert, da es den Kindern verdeutlicht, wie sehr sich „ihr" Raum in den Kindergartenalltag integrieren kann und zu Neuem einlädt!

Die Vernissage

Eine Farbraum-Präsentation schließt die Projektwoche ab. Die Kinder bleiben die Hauptakteure, denn sie geben ihr Wissen weiter und führen ihre Eltern durch ihre eigene Ausstellung. Wie bei einer richtigen Ausstellungseröffnung werden Reden gehalten – von den Erziehern, von der Künstlerin und auch von den Kindern. Der genaue Ablauf wird am Freitagmorgen, dem fünften Tag der Projektwoche, genau einstudiert, denn den Kindern fällt eine wichtige Rolle zu: Sie sind die Ausstellungsführer ihrer Eltern durch die Ausstellung.

Der Raum darf nur von zwei bis vier Kleingruppen gleichzeitig betreten werden. Wie zuvor stets die Kinder müssen jetzt auch die Eltern ihre Schuhe ausziehen und auf Strümpfen durch den gemalten Raum gehen.

Die Eltern wirken mit

Das Projekt arbeitet sehr stark mit der Unterstützung der Eltern. Sinnvoll ist ein vorausgehender Elternabend zum „Farbspielplatz". Es ist nicht nur wichtig, dass die Eltern ihre Kinder mit der entsprechenden Malkleidung in der Woche ausstatten und eventuell abends den einen oder anderen ungewollten Farbfleck abwaschen, sondern dass sie das gesamte Projekt verstehen und mittragen. Schließlich kommt den Eltern am Ende der Projektwoche eine wichtige Rolle zu: Sie sind die Ausstellungsbesucher, die von ihren Kindern durch die Ausstellung geführt werden.

In diesem Projekt zählt nicht nur das fertige Ergebnis, sondern der gesamte Prozess: Wie es dazu gekommen ist, ist entscheidend. Während der Woche bekommen die Eltern nur einen kleinen Teil davon mit. Die Eltern müssen begreifen, dass bei diesem Projekt keine vorgefertigten Ergebnisse produziert werden, sondern ein ganzheitliches Farberlebnis mit multipler, gemeinschaftlicher Urheberschaft im Mittelpunkt steht. ◄

Unterwegs in Wald, Garten und Park

Ästhetische Erfahrungsräume außerhalb der Kindertagesstätte

Text: Kirsten Winderlich unter Mitarbeit von
Dennis Gabriel, Eva Leichsenring | Fotos: Nick Ash

Draußen zu sein ist für Kinder immer aufregend und spannend. Jeder Aufenthalt im Freien bedeutet eine kleine Reise und damit verbunden: Abenteuer. Außerhalb der Einrichtung können die Kinder nicht-gestalteten Naturraum erleben, beispielsweise einen Wald, oder gestalteten Kulturraum erkunden, also Gärten und Parkgelände. Dort haben die Kinder nicht nur Platz, um ihrem Bewegungs- und Spielbedürfnis und ihrer Lust zu bauen nachzugehen, sondern sie betreten zudem ihnen unbekannte und neue Räume, die schöpferische Aneignungs- und Gestaltungsprozesse anregen.

Altersgruppe
Kinder im Alter
von 5 Jahren
(Übergang zur Grundschule)

Räumliche Voraussetzungen
- Wald
- Garten
- Park

Materialien
- Naturmaterialien
  (Äste, Zweige, Blätter, Stroh)
- Bollerwagen
- großes Netz zum Hüttenbau
- Karten
- Farbstifte
- Malunterlagen
- Schraubdeckelgläser und
  Schöpfkelle
- heimische Pflanzen
  (als Vergleich zu den
  exotischen der Parks)
- Proviant
- ggf. Werkzeug
  (Schaufel, Hammer,
  Zange, Säge o.Ä.)

*Eine Tüte für die Siebensachen und
die Expedition kann beginnen.*

Sammeln und forschen

Ein Abenteuer besonderer Art ist es, mit einer Gruppe Vier- und Fünfjähriger in den Wald zu ziehen und Sachen zu sammeln. Neben Verkleidung und Requisiten können geeignete Forschungsaufträge in ihrer Sammelleidenschaft anregen und unterstützen. Spezifische Ausrüstungsgegenstände wie Behälter, Tüten, Greifzangen usw. ermuntern die Kinder, in die Rolle des Expeditionsreisenden und Forschers zu schlüpfen.

Etwas enger führt man die Forschungstätigkeit, indem man den Kindern ein Forschertagebuch mit einer überschaubaren Seitenzahl mit auf den Weg gibt. Das Buch, verbun-

den mit der Aufforderung, es mit den aufgelesenen Dingen zu bekleben und zu füllen, kann die Kinder besonders herausfordern: Sie gehen völlig in ihrer Sammelleidenschaft auf und vergessen alles andere um sich herum.

> *„Sammelt sieben Sachen!",
> ist ein ergebnisoffener
> Forschungsauftrag, der
> Neugierde entfacht – was
> kann man alles finden!?*

Es ist immer wieder erstaunlich, was die Kinder alles entdecken, wenn sie erst einmal unterwegs sind. Die immer aufs Neue überraschende Bandbreite der gesammelten Vielfalt zeigt sich meistens erst, wenn die Kinder ihre Sammlungen im Anschluss an die Expedition auspacken. Neben Blättern in unterschiedlichen Vermoderungsstufen und mehr oder weniger reifen Waldfrüchten befindet sich häufig eine Menge eher waldfremder

Gegenständen unter den Schätzen: Bonbonpapiere, Glasscherben, Fahrradreflektoren – alles Dinge, die nicht in den Wald gehören und von einem Förster wahrscheinlich entrüstet als Müll eingestuft werden würden. Für die Kinder sind all diese Dinge Sammelobjekte von besonderem Wert, die intensiv betrachtet und erforscht werden. Dies zeigt sich besonders deutlich, wenn die Sammelsurien später im Kindergarten ausgestellt werden.

Ausstellen und untersuchen

Für eine Ausstellung eignet sich eine lange Tafel, gedeckt mit vielen Tellern. Dieses Arrangement ermöglicht es den Kindern nicht nur, ihre individuellen Sammlungen auf den Tellern genauer zu betrachten und zu würdigen, sondern zudem die einzelnen Funde in ihrer Gesamtheit zu betrachten. Im Betrachten und im Austausch darüber haben die Kinder Gelegenheit, Ähnlichkeiten und Unterschiede festzustellen und über ihre Erlebnisse und Entdeckungen ins Gespräch zu kommen. Und wo sonst, wenn nicht zentral um einen Tisch herum, können Kinder ihre Fragen diskutieren?

In der Natur zu Hause

Unterwegs zu sein bedeutet immer auch, zu rasten und zu verweilen. Diese Rast kann zum Beispiel unter einem Baum, in einer laubgefüllten Mulde oder auf einem Hochstand stattfinden. Mit großer Begeisterung stellen Kinder jedoch selbst Unterstände, Höhlen und Behausungen her. Beobachtet man, wie intensiv und voller Anstrengungsbereitschaft „Häuser" gebaut werden, denkt man unwillkürlich an eine Lebensweisheit, die der Pädagoge und Philosoph Otto Friedrich O. Bollnow formuliert hat: Das Haus ist für den Menschen ein Zentrum der Geborgenheit.

Eine Expeditionsreise in den Wald bietet immer die Chance, einen Unterschlupf oder Unterstand zu suchen oder selbst zu bauen. Geradezu unabdingbar wird dies Bemühen, wenn die Wetterverhältnisse umschlagen, wenn es anfängt zu regnen oder ungemütlich windet. Sind die Kinder nicht längst bei der Arbeit, bietet die Witterung sicher stets einen willkommenen Anlass für einen Impuls zum Bauen. Doch auch bei freundlichem Ausflugswetter kann eine Pause und der gemeinsame Verzehr des mitgebrachten Proviants in einer gemeinsam hergestellten Behausung nur noch gemütlicher und schöner werden.

Ein paar Stöcke reichen meist, sie können zu einem Zelt verschnürt werden. Schnüre und ein Netz gehören genauso zum Expeditionsgut wie die Sammelbehälter und der Proviant. Ein Netz kann nämlich, über die Stöcke geworfen, mit Blättern bedeckt und so abgedichtet werden. Selbstverständlich sind auch komplexere Hauskonstruktionen möglich. Dafür ist allerdings notwendig, dass neben den Schnüren auch eine Säge, ein Spaten, Hammer und Nägel mitgenommen werden.

Behausungen im Wald zu bauen ist immer eine Gemeinschaftsarbeit, die sich wunderbar eignet, um individuel-

Das Bauen von Hütten und Häusern vermittelt Menschen, Kindern wie Erwachsenen, ein Gefühl der Geborgenheit und des Schutzes.

Kompetenzen im Blickpunkt

Ganzheitliche Förderung:
- Fantasie und Imaginationsfähigkeit
- Sprachkompetenz
- taktile, visuelle und räumliche Wahrnehmungsfähigkeit
- kulturelle Kompetenz

Spezielle Förderung:
- bildnerisches Gestalten (Zeichnung, Installation)
- Orientierungsfähigkeit, räumliches Vorstellungsvermögen
- Umgang mit Karten

Kooperation mit Eltern

Dokumentation:
- Fotodokumentation
- Protokolle der Kinderäußerungen
- Interviews
- Zeichnungen und Bilder
- Installation

le Fähigkeiten und Fertigkeiten zu zeigen, weiterzuentwickeln und sozial einzubringen. Sie stärkt das Gemeinschaftserleben und die Kinder erschaffen etwas ganz Großes und Großartiges: einen eigenen Raum.

> *Ein Haus zu bauen ist ein anthropologisches Grundbedürfnis, das auch und insbesondere im Spiel der Kinder seinen Ausdruck findet.*

Geht die Reise weiter, müssen „die Zelte" nicht zwingend abgebrochen werden. Sie markieren Orte, an die die Kinder bei der nächsten Expedition gern wieder zurückkommen. Solche Orte geben Orientierung, und sie stehen symbolisch für gemeinsames Tun: „Hier haben wir zusammen ein tolles Abenteuer erlebt."

Unterwegs in Gärten und Parks
Nicht immer liegt ein Wald im näheren Umfeld einer Kindertageseinrichtung. Oft kann jedoch freie Naturfläche mit öffentlichen Verkehrsmitteln erreicht werden. Gestaltete Kulturräume finden sich ziemlich sicher überall: im ländlichen Umfeld

Die Kinder erkunden den Park Sanssouci und Umgebung in Potsdam.

Felder und Gärten und in der Stadt Gärten und Parks. Natur in vielen Erscheinungsformen gehört also zum unmittelbaren Lebensumfeld der Kinder.

Ein Ausflug in den Park Sanssouci
Die Kindertageseinrichtung, deren Projekt hier beschrieben wird, liegt in Potsdam. Eine Gruppe von Kindern,

die bald in die Grundschule wechseln werden, ist eingeladen, den Park des Schlosses Sanssouci ästhetisch-performativ selbst zu erschließen und zu erforschen. Die Kinder sammeln sich auf dem Hof vor der benachbarten Friedenskirche. Die Jungen und Mädchen sind fünf Jahre alt. Es ist ein heißer Tag. Die Kinder wissen, dass sie gleich zu einer Forschungsreise in den Park aufbrechen werden. Sie kennen ihn sehr gut. Unzählige Male sind sie bereits mit ihren Kindergärtnerinnen durch den Park spaziert. Stolz heften sie sich ihre Namensschilder an, die sie als Experten auf dieser Exkursion auszeichnen und zeigen sie dem Fotografen, der diese Expedition begleitet.

Als Erstes wird die Ausrüstung für die Expedition gesichtet und geordnet. Gemeinsam werden zwei Bollerwagen gepackt. Eingesteckt werden:

- eine mit einem Bambusstock verlängerte Suppenkelle,
- eine Kiste mit sechs Schraubdeckelgläsern, auf den Deckeln mit Symbolen für Wasser gekennzeichnet. Die Symbole bestehen aus Wellenlinien.
- ein Karton mit Heftern und Buntstiften,

Projektdurchführung

Für die Arbeit vor Ort:
- Auswahl eines Areals und spezifischer Plätze
- Anfertigung einer Karte, verknüpft mit Fotografien
- Zusammenstellen einer Expeditionsausrüstung
- Durchführung der Expedition
- fotografische Dokumentation
- anschließend: erzählen zu den Fotografien

Reflexion und weitere Initiativen

- forschendes Interesse der Kinder am bekannten und doch fremden Ort geweckt, auch im Hinblick auf die Geschichte des Ortes
- Auswertung der Expedition anhand des Fotomaterials und der Erzählungen der Kinder, anregend für eine neue Sicht auf das Erlebte
- mögliche Erweiterung: Kinder führen Kinder durch den Park (Aktion)

- jeweils ein Heft und eine Buntstiftpackung für jedes Kind,
- elf Erdbeerpflanzen und
- ein „Flitze"-Bogen.

Zum Schluss erhält jedes Kind eine Karte mit einem bestimmten Ausschnitt des Parks Sanssouci, der von ihm erforscht werden soll. Der geplante Weg wird durch einzelne, bildhaft hervorgehobene Wegmarken angezeigt. Die Kinder erhalten die Aufgabe, sich an den jeweiligen Standorten als Gruppe zu versammeln. Darüber hinaus sollen sie während der Expedition nach Wasser Ausschau halten und Wasserproben in die gekennzeichneten Gläser füllen. Die Orte, an denen Wasser vorgefunden wurde, sollen in die Karte gezeichnet werden. An den einzelnen Orten erhalten die Kinder zusätzliche Aufgaben.

Orten nachspüren

An einem als Musenrondell bezeichneten Platz, der von Statuen und zu Säulen beschnittenen Büschen begrenzt wird, erhalten die Kinder die Aufgabe, sich in der Mitte des Platzes Rücken an Rücken zu stellen und zu erzählen, was sie aus ihrer Perspektive wahrnehmen.

> *Einer Schnitzeljagd ähnelnd, wird die Erkundung der Kinder durch Fragen oder Aufträge geleitet und vorangetrieben.*

Im Anschluss an die Expedition zum Musenrondell beschreibt ein Mädchen sehr präzise dessen Gestaltung und seine Einbettung in die Wegeführung des Parks: „Das ist das T, eigentlich eine Kreuzung, bloß ein Weg ist nicht abgegangen, deshalb wie ein T. Statuen und Bäume stehen am Rand. Die Bäume waren ganz rund und hoch geschnitten, ganz lang und schmal. Die waren höher als die Statuen. Die eine Statue hat einen Kelch getragen, die andere Äpfel, zwei haben Tiere unter dem Arm gehabt und eine hat Querflöte gespielt – wie bei einem Fest. In einer Richtung konnten wir die Orangerie sehen, in einer anderen diesen Springbrunnen, diesen langen, hohen, und in der anderen Richtung steht ein Schloss."

Bei anderen Statuen ahmen die Kinder vor diesen deren Körperhaltung nach, so zum Beispiel die Haltung eines Bogenschützens. Durch diesen Prozess nehmen sie auch das Materi-

al der Skulptur wahr. Ein Mädchen beschreibt im Anschluss an eine körperlich-sinnliche Forschungsaufgabe präzise die Materialunterschiede: „Und dann sind wir zum König gegangen. Friedrich. Und zu einer Statue. Aber der König hat einmal gelebt. Und die Statue war ein Bogenschütze. Der war so grün. Und Friedrich der Große war aus Stein. Der Bogenschütze stand aber auch auf Stein."

Laufen, Zeichnen, Forschen

Nach einem Picknick an den Skulpturen schreiten die Kinder die Treppe gemeinsam nebeneinander hoch zur Orangerie. Durch diese Aktion und ihre Wahrnehmung für die Gruppe stellen die Kinder fest, dass die Treppe mit zunehmender Höhe breiter wird: „Wir haben die Treppenstufen gezählt, um herauszufinden, wie hoch die Orangerie liegt. Leoni hat immer gezogen. Die Treppen waren ganz breit. Wir haben die Arme ganz breit gemacht und sind alle nebeneinander hoch. Die erste Treppe war breit. Die zweite Treppe war noch breiter, weil ich nicht bis zum Rand kam. Und wenn ich rankam, kam Lena auf der andere Seite nicht mehr ran…"

Im Kreis wird das Museumsrondell entdeckt: Es gibt viel zu sehen.

*Pflanzen haben bei näherer Betrachtung doch
ziemlich unterschiedliche Blätter.*

- durch das Einbetten und Erzählen der Geschichte in Geschichten,
- durch die Aufforderung zur Bewegung vor Ort,
- durch die Anregung zum Suchen, Forschen und Entdecken,
- zum lauten Rätseln und
- zum Bildermachen.

Die performativen Raumerkundungen forderten die spezifisch kindlichen Weltaneignungsweisen heraus, indem sie alle Formen körperlich-sinnlicher Wahrnehmung, szenisch und bildhafter Vorstellungen, sprachlichen und nicht-sprachlichen Denkens einbezogen. Diese Ganzheitlichkeit regte das Selbstbildungspotenzial der Kinder auf vielschichtige Weise an. Nicht die Vermittlung der historisch-kunstvollen Gestaltung des Parks gab den Anstoß zu diesem ästhetischen Projekt, es ging nicht darum, den Kindern den Park Sanssouci nahezubringen. Ziel war, den Kindern Gelegenheit zu geben, dies selbst zu tun. Dank einer sensiblen Einbettung in handlungsanregende und -leitende Impulse ist dies gut gelungen. ◄

Oben an der Orangerie angelangt, suchen sich die Kinder eine Palme, neben die sie ihre mitgebrachten heimischen Erdbeerpflanzen stellen. Beim Zeichnen der Palme nehmen sie die charakteristischen Unterschiede zwischen beiden wahr, die folgendermaßen beschrieben werden: „Palmen haben ganz andere Blätter als Erdbeeren. Erdbeeren haben Blätter wie an einem anderen Baum. Die Palmen haben viel fleischigere Blätter, auch spitzere. Vielleicht, weil sie sich in der Hitze schützen müssen. Hier müssen sie sich vor der Kälte schützen. Deshalb haben sie ein Haus, die Orangerie ist ein Schloss für Palmen."

Durch die Doppelallee zum Belvedere bewegen sich die Kinder parallel und ahmen dabei die verschiedenen Bewegungsarten eines vorausgehenden Kindes nach. Den Abschluss der Expedition bildet dann das Belvedere, dessen symmetrisch zweiflügelig geschwungene Treppenaufgänge die Kinder in einer langen Schlange von beiden Seiten begehen. Oben angekommen zeichnen sie die Aussicht. In ihren Erzählungen im Anschluss an den Ausflug verknüpfen die Kinder Weg und Ziel, das heißt, den Wegraum der Doppelallee mit dem Ortraum des Belvedere: „Das Haus hat so was Ähnliches wie eine Allee, wie die Treppen nebeneinander sind."

> *Ein Projekt ist immer nur als Vorläufiges zu verstehen, als Impuls und Verstärker für die Selbstaneignungsprozesse der Kinder.*

Wir schauen zurück

Die Äußerungen der Kinder zeigen, dass sie sich den Park aus ihrer eigenen Perspektive und mit ihren eigenen Mitteln erschließen konnten. Dabei entstanden ganz eigene Lernwege und individuell bedeutsame Lernorte. Die Tätigkeit der Kinder kann in diesem Zusammenhang als alltagsästhetische Erkundung von Orten bezeichnet werden, die durch minimale Interventionen der Pädagogen verstärkt wurde:

*Forscherbücher lenken die
Aufmerksamkeit auf bestimmte
Dinge oder Zusammenhänge.*

Literaturtipps

Kinder in Europa
Themenheft: Kunst für junge Kinder
Heft 14. verlag das netz, Berlin 2008

Warum ist Kunst die Grundlage für die Entwicklung und das Lernen von kleinen Kindern? Wie lässt sich die Wirkung von Kunst auf Kinder beschreiben? Welche Rolle spielen die Künste in den Curricula von Kindertagesstätten und in der Ausbildung von Erzieher/innen in anderen Ländern? Wer Lust hat, sich mit diesen Fragen auseinanderzusetzen, und vor allen Dingen Argumente für die künstlerische Arbeit mit Kindern sucht, wird in dieser Zeitschrift wertvolle Hinweise erhalten.

Kirsten Winderlich
Bildung von Anfang an
Über die umfassende Bedeutung des Performativen für die frühkindliche Bildung. In: Jo Beloli (Hrsg.): small size – a space to grow. Pendragon, Bologna 2009, S. 121–135

Die Praxisbeispiele in dem vorliegenden Journal machen deutlich, dass die Initiierung ästhetischer Bildungsräume weniger das Schaffen von Angeboten als vielmehr die Gestaltung von Ereignissen ist. Die Begriffe der Inszenierung, Aufführung und des Performativen sind hierbei zentral. Wie diese sich zum Bildungsbereich Kunst und Ästhetik verhalten, welche umfassende Bedeutung sie für die Bildung kleiner Kinder im Allgemeinen einnehmen, ist das Thema meines Beitrags in einem Buch des Netzwerkes „small size", das Ansätze und Modelle frühkindlicher Bildung und Erziehung in Europa reflektiert.

Saskia Bender/Cornelie Dietrich
Ästhetik und Kunst
In: Kinder erziehen, bilden und betreuen. Ein Lehrbuch für Ausbildung und Studium. Cornelsen Verlag Scriptor, Berlin 2010, S. 348–377

Wer Lust bekommen hat, sich nach dem Studium der vielen Praxisbeispiele stärker aus theoretischer Perspektive mit dem Bildungsbereich Kunst und Ästhetik auseinanderzusetzen, der wird hier seinen Wissensdurst gerade im Hinblick auf die Begriffe „Aisthesis" und „ästhetische Erfahrung" stillen können. Darüber hinaus besonders gewinnbringend sind die Ausführungen zur Entwicklung der Wahrnehmungsfähigkeit, die Übergänge von der Wahrnehmung zur Gestaltung der Wahrnehmung sowie der Sinnestätigkeit zu den künstlerischen Praktiken.

Gundel Mattenklott/
Constanze Rora (Hrsg.):
Ästhetische Erfahrung in der Kindheit
Theoretische Grundlagen und empirische Forschung. Juventa, Weinheim 2004

Dieses Buch ist besonders zu empfehlen, weil es vielfältige Beiträge zu den Grundlagen der ästhetischen Bildung und Erziehung liefert. Ausgehend vom Begriff der Ästhetischen Erfahrung und seiner Bedeutung für das Erleben des Kindes werden dessen Bildungsbedeutung diskutiert und sein fassettenreiches Feld zwischen ästhetischen Erlebnissen und Sprache, Bildern, musikalischen Eindrücken und Kindheitserinnerungen zum Erscheinen gebracht.

Gabi dan Droste (Hrsg.)
Theater von Anfang an!
Bildung, Kunst und frühe Kindheit.
In: transcript, Reihe Theater, Bd. 11.
Bielefeld 2009

Das Buch dokumentiert das Projekt „Theater von Anfang an", in dem Künstler/-innen, Wissenschaftler/-innen und Erzieher/-innen Kooperationsmodelle für ein Theater für kleine Kinder im Kontext frühkindlicher ästhetischer Bildung entwickeln. Es spiegelt nicht nur den aktuellen Stand der Forschung wieder, sondern gibt über Text, Bild und Film (beigefügte DVD) eine Vielfalt an Anregungen.

Kirsten Winderlich
Theater Spiel Kunst
Überlegungen zum zeitgenössischen Theater für die Allerkleinsten als Impuls für die ästhetische Bildung.
In: Zeitschrift Ästhetische Bildung (ZÄB).
Gundel Mattenklott/Constanze Rora (Hrsg.), Jg. 1, Nr. 1: SpielKünste, 2009

War man noch nie Zuschauer in einem Theaterstück für die Allerkleinsten, ist wahrscheinlich nur schwer vorstellbar, wie Theater für kleine Kinder aussehen kann. Wenn die bekannte Guckkastenbühne und das von den Vierjährigen so heiß geliebte Kasperlepuppenspiel die Kleinen überfordern oder so gar nicht interessieren, ist das Theater denn dann überhaupt schon eine Kunstform für sie? Die aktuellen Beispiele der Theaterkunst zeigen es ganz deutlich: Ja – wenn das Theater an die den Kindern in der frühen Zeit eigenen ästhetischen Praktiken anknüpft, an ihre Lust und Freude am explorativen Umgang mit Material, am Sprachspiel, am Experimentieren mit Geräusch und Klang.

Kirsten Winderlich
Kooperationen im Kontext ästhetischer Bildung
Zum Zusammenspiel von Kunst und Pädagogik im Theater für die Allerkleinsten. In: Gabi dan Droste 2009, S. 69 – 79

Wie kann die Kooperation zwischen Künstler/-innen und Pädagogen/-innen gelingen? Ist das hierarchische Gefälle zwischen diesen Professionen nicht vorprogrammiert, die Kluft zwischen den „freien" Künstler/-innen und die von dem Kita-Alltag angestrengten Erzieher/-innen nicht unüberwindbar? Meine Erfahrungen und Untersuchungen im Modellprojekt „Theater von Anfang an" zeigen im Gegenteil, dass insbesondere in der „forschenden Haltung" der Erzieher/-innen im Kita-Alltag und der Künstler/-innen im künstlerischen Prozess eine für die ästhetische Bildung von Kindern wechselseitig fruchtbare Wirkung für die ästhetische Bildung von Kindern entstehen kann.

Kirsten Winderlich
Ästhetische Bildung als Forschungsfeld
Zugänge zu ästhetischen Erfahrungen von Kindern als methodische Herausforderung. In: Torsten Meyer/Andrea Sabisch (Hrsg.): Kunst Pädagogik Forschung. Reihe theorie bilden, hrsg. von Hannelore Faulstich-Wieland/ Hans-Christoph Koller/Karl Josef Pazzini/ Michael Wimmer. transcript, Bielefeld 2009, S. 241 – 149

Die Beobachtung und Dokumentation von Bildungsprozessen ist die Basis für die Bildung und Erziehung von Kindern in der Kindertagesstätte. Im Hinblick auf den Bildungsbereich Kunst und Ästhetik

unterliegt die Beobachtung und Dokumentation einer besonderen Herausforderung, da ästhetische Erfahrungs- und Bildungsprozesse von Kindern sehr flüchtig und nur schwer greifbar sind. An dieser Stelle erscheint nicht nur der Einsatz von Fotografie und Film notwendig, sondern auch der bewusst „befremdete" Blick, d. h., die gezielte Bearbeitung des visuellen Materials. Ich stelle in meinem Beitrag forschende Zugänge zum Feld der ästhetischen Bildung vor, die mithilfe des Bildes, der Fotografie und des Films arbeiten.

Uschi Stritzker/Georg Peez/ Constanze Kirchner
Schmieren und erste Kritzel – Anfänge der Kinderzeichnung
Norderstedt (Books on Demand) 2008

Besonders anregend im Hinblick auf die Dokumentation und Erforschung früher ästhetischer Bildungsprozesse sind die Arbeiten von Georg Peez, Jacqueline Baum und Ruth Kunz, die sich auf die lange vernachlässigten Vorformen des Kritzelns beziehen.

Die Einzelfallstudien analysieren den Prozess der Schmier-Handlungen von Säuglingen und Kleinkindern, beschreiben diese als Vorform des Kritzelns und erweitern die Geschichte der Kinderzeichnung. Über diesen Beitrag hinaus bietet das Buch eine Fundgrube an Möglichkeiten der Verknüpfung von Fotografie, Film und qualitativen Forschungsmethoden, wie beispielsweise der teilnehmenden Beobachtung.

Jacqueline Baum/Ruth Kunz
Scribbling Notions
Bildnerische Prozesse in der frühen Kindheit. Pestalozzianum, Zürich 2007

In der explorativen Einzelfallstudie wird die videogestützte teilnehmende Beobachtung durch eine spezifische Intervention im Raum erweitert. Eine am Boden liegende Wandtafel ermöglicht hier zu beobachten, wie ein Kind zeichnet und handelt, sich rhythmisch und stimmlich artikuliert. Die Videoaufnahmen, die der Buchpublikation als DVD beigelegt sind, dokumentieren im Zeitraum vom 13. bis zum 18. Lebensmonat die bildnerischen Prozesse des kleinen Kindes. Durch die Analyse wird nachvollziehbar, wie aus anfänglich kontingenten Spuren intentional hervorgebrachte Formen entstehen. Über den wertvollen Beitrag zu den Anfängen der Kinderzeichnung regt die Studie an, mittels des Films die frühkindlichen ästhetischen Bildungsprozesse zu dokumentieren und zu erforschen.

Dagmar Arzenbacher
Das Stöckeheft
verlag das netz, Weimar/Berlin 2010

Das Stöcke-Heft ist eine Fundgrube für Ideen und zwar nicht nur im Text, sondern durch eine gelungene Verknüpfung von Fotografie und Text. Das Heft enthält mindestens „100 Gedanken, 100 Impulse, 100 Möglichkeiten…" Wer einmal angefangen hat, mit Dagmar Arzenbachers „Bastelbüchern" zu arbeiten, kann gar nicht genug bekommen. Es gibt noch mehr Hefte, z. B. über Ton, Knöpfe, Enten…

Adressen & Links

www.theatervonanfangan.de

Unter dem Titel, „Theater von Anfang an! Vernetzung, Modelle, Methoden: Impulse für das Feld frühkindlicher ästhetischer Bildung" begannen 2006 Künstler/-innen, Erzieher/-innen und Wissenschaftler/-innen an vier Standorten der Republik Theaterformen für Kinder und mit Kindern unter fünf Jahren zu erforschen und zu entwickeln. Mit diesem Vorhaben betraten sie Neuland, denn bis dahin gab es in der Bundesrepublik wenige Theaterangebote für die Allerkleinsten.

www.smallsize.org

Hinter dem Begriff „Small Size" verbirgt sich ein europäisches Netzwerk zur Verbreitung der Darstellenden Künste für Kinder unter sechs Jahren. Deutscher Partner ist das Helios Theater in Hamm/ Westfalen.

www.baupiloten.com

In einem Joint Venture leitet die freie Architektin Susanne Hofmann seit 2003 an der Technischen Universität die Baupiloten. In Kooperation mit ihrem Architekturbüro und Studierenden und Lehrenden entwickeln die Baupiloten Bildungsräume, in deren Entwurfsprozess die Bedürfnisse und Vorstellungen der zukünftigen Nutzer stark einfließen. Im Rahmen des Entwurfsprozesses für den Kindergarten Lichtenbergweg in Berlin setzen sich die Kinder und zukünftigen Nutzer der Architektur beispielsweise auf spielerisch-experimentelle Weise mit Licht auseinander. Die Entdeckungen, die sie dabei machen, fließen in die architektonischen Ausformulierungen ein.

www.mobilesatelier.eu

Künstlerinnen und Künstler entwickeln Projekte, die mit Kindern und Erzieher/-innen in Kindergärten umgesetzt werden. Um eine nachhaltige Verankerung der Kunst in den Kindergärten zu erreichen, treffen sich die Künstler/-innen und Erzieher/-innen zu intensiven Austausch-Kooperationsrunden vor Ort, aber auch in den Ateliers.

www.bosch-stiftung.de

Kunst-Stück: Kreative Partnerschaften zwischen Grundschulen, Kindergärten und Kultureinrichtungen. Mit dem Programm „Kunst-Stück" fördert die Robert-Bosch-Stiftung 36 Kindergärten und Grundschulen in Baden-Württemberg. Diese kooperieren mit Kultureinrichtungen und haben es sich zum Ziel gesetzt, Kreativität in ihrem pädagogischen Alltag zu verankern und aus der Kooperation heraus ein künstlerisches Profil für ihre Bildungsinstitution zu entwickeln.

Information: *www.bosch-stiftung.de* (weiter unter: Kultur, Alle Projekte im Überblick, Kunst-Stück)

www.kreativitaetvonanfangan.de

Kinder sind von Anfang an kreativ. Sie brauchen allerdings Gelegenheiten, ihre Kreativität zu entfalten. Erste Zielgruppe des Modellprojektes sind aus diesem Grund die Erwachsenen. Gelingt es, Erwachsene für die Kreativität von – insbesondere ganz jungen – Kindern zu sensibilisieren, sie hellhörig zu machen für deren individuelle und vielfältige Versuche, sich die Welt anzueignen, dann ist ein erster Schritt zur Förderung der Kreativität von Kindern vollzogen. In dem von der Robert-Bosch-Stiftung geförderten Modellprojekt steht darum

die Sensibilisierung der Erwachsenen für kindliche Wahrnehmung und ästhetische Erfahrung im Mittelpunkt. Schlüsselobjekt ist ein Kreativitätskoffer. Dieser Koffer wurde im Sommer 2008 dreißig werdenden Müttern unterschiedlicher sozialer Herkunft zwischen dem vierten und achten Schwangerschaftsmonat übergeben. Er enthält ein buntes Sammelsurium von Objekten und Materialien, die nicht nur Kinder zum Spielen anregen, sondern auch ihre Eltern. In der Folge wurde dieser Koffer kontinuierlich in Workshops unter der Anleitung von Künstlern und Frühpädagogen gemeinsam mit den Eltern und Kindern weiterentwickelt. Individuelle Bedürfnisse, Wünsche und Vorstellungen flossen richtungsweisend in diesen Prozess ein und halfen damit, ein Modell zur „Kreativitätsförderung von Anfang an" zu konzipieren, das in der Bevölkerung breit zur Wirkung kommen kann.

Ab Oktober 2010 wird bundesweit in Geburtshäusern und auf Entbindungsstationen eine Ausstellung zu sehen sein, die den Prozess der Entdeckung früher Kreativität über Bild und Ton zeigen wird.

www.kunstmuseum-stuttgart.de

Früh übt sich, wer ein Meister werden will: Bei dem vom Kunstmuseum Stuttgart initiierten und von der Robert Bosch Stiftung geförderten Projekt „Kleine große Künstler" sind die Jüngsten drei Jahre alt. Hinter dem auf über zwei Jahre hinweg angelegten Modellprojekt steht das Ziel, ein nachhaltiges Kunstvermittlungsangebot zur Förderung der Kreativität und Sinnesbildung zu entwickeln sowie die musisch-ästhetische Bildung stärker in Kindergärten zu verankern. Repräsentativ erproben vier Stuttgarter Kindertagesstätten mit

eigens hierfür fortgebildeten Erzieher/
-innen und Museumspädagogen/-innen
neue Vermittlungsformen. Nach Abschluss des Projekts soll das Angebot
im Kunstmuseum auf alle Kindertagesstätten in der Region ausgeweitet
werden.

www.lesart.org

LesArt entwickelt unter Einbeziehung
aller Künste und Medien kreative Modelle zur literarisch-ästhetischen Bildung.
Diese gehen von kindlichen bzw. jugendlichen Lebens-, Lese- und Bilderfahrun-
gen aus. Welche ästhetischen Signale
aus Büchern regen Kinder an oder auf?
Welchen Raum für Begegnungen und
Übergänge zwischen ästhetischer und
realer Lebenswelt bieten Texte oder
Bilder an? In welche eigenen Gegenstände, Wörter, Bilder- oder Spielwelten
könnten diese umgesetzt werden? Eignen sich Collagen, Fotos, Gedichte,
Geschichten, Lieder, Pantomimen, Plaka-
te, Puppen, Skulpturen, Szenen, Talk-
shows, Theaterstücke, Trickfilme, Zeitun-
gen…? LesArt als Berliner „Zentrum" für
Kinder- und Jugendliteratur ist Koordina-
tor und Kooperationspartner kinder- und
jugendliterarischer Aktivitäten in Berlin,
Deutschland und über dessen Grenzen
hinaus. In diesem Sinne multipliziert
LesArt Veranstaltungsmodelle für Kinder,
Jugendliche und Erwachsene in Berlin
außerhalb des Hauses, bundesweit und
in anderen Ländern."

www.bunddeutscherkunsterzieher.de

Das Referat Grundschule im BDK legt
Aufzeichnungen zur frühkindlichen
ästhetischen Bildung vor. In den ver-
gangenen Jahren hat sich ein neues Bild
vom Kind durchgesetzt, das auch Be-
gründungen und Orientierungen für die

ästhetische Bildung in der frühen Kindheit gibt. Es gilt heute als unbestritten,
dass Kinder von Anfang an in Dialog
und Austausch mit ihrer Welt treten, sich
der umgebenden Welt auswählend und
deutend zuwenden und ihre eigenen
Selbst- und Weltbilder „konstruieren".
Dies tun sie in entscheidendem Maße
auf ästhetische Weise. Die vorliegende
Schrift soll zum Nachdenken anregen
und Impulse für den Diskurs der ästhetischen Elementarbildung liefern. Es
ist der Zwischenstand einer ca. zwei-
jährigen Diskussion, an der Kunstpäda-
gogen/-innen, Erzieher/.innen und
Grundschullehrer/-innen, Erziehungswis-
senschaftlerinnen sowie Studierende der
Elementar- und Grundschulpädagogik
beteiligt waren.
Das Heft ist über die Geschäftsstelle
des BDK in Hannover zu beziehen:
bdk.hannover(at)t-online.de

www.kinderzumolymp.de

„KINDER ZUM OLYMP!" will Kinder und
Jugendliche für die Vielfalt unserer Kultur begeistern und damit ihre Kreativität
und Fantasie fördern. Um Kunst und
Kultur fest im Leben von Kindern und
Jugendlichen zu verankern, müssen wir
neue Wege beschreiten, vom Kindergarten bis zum Schulabschluss. Was uns
zusätzlich motiviert: Die neuere Entwick-
lungsphysiologie hat die Notwendigkeit
ästhetischer Bildung für die Entwicklung
von Kindern und Jugendlichen auch wis-
senschaftlich belegt und die enormen
Aufnahmekapazitäten gerade im frühes-
ten Kindes- und Jugendalter aufgezeigt.

www.ymsd.de

Die Yehudi Menuhin Stiftung Deutschland wurde 1999 von dem berühmten
Geiger, Dirigenten und Humanisten

Yehudi Menuhin gegründet. Die gemein-
nützige Stiftung mit Sitz in Düsseldorf
entwickelt, koordiniert und begleitet Pro-
gramme und Projekte in sozialen und
interkulturellen Lernfeldern, wie in Kindergärten, Schulen und in der Erwachse-
nenbildung – immer in Zusammenarbeit
mit Künstlern/-innen.

www.pwc.de

Stiftung der Unternehmensberatung
PriceWaterhouseCoopers will helfen,
einen Beitrag zur Förderung der kulturellen Bildung in der nachwachsenden Ge-
neration zu leisten. Dazu unterstützt sie
innovative Projekte, die den Dialog und
das gegenseitige Verständnis zwischen
der Jugend und dem Kulturbereich fördern und kulturelle Inhalte verstärkt in
der Bildung verankern.

www.zaeb.net

Die von Gundel Mattenklott und
Constanze Rora herausgegebene Zeitschrift Ästhetische Bildung (ZÄB) will
die Grenzen zwischen den Didaktiken
der künstlerischen Fächer einerseits
sowie zwischen schulischen und außer-
schulischen Bildungsinstitutionen andererseits interdisziplinär überschreiten.
Die jährlich ein- bis zweimal erscheinen-
den Ausgaben sind je einem Schwerpunkt gewidmet. Die Herausgeberinnen
sind bestrebt, dem breiten Spektrum
ästhetischer Forschungs- und Bildungs-
praxen durch die Wahl relevanter
Schwerpunkte gerecht zu werden.
Außerdem können die Ausgaben unabhängig vom Schwerpunkt auch Beiträge
enthalten, die sich auf aktuelle Diskus-
sionen beziehen. In unregelmäßig er-
scheinenden Beiheften werden umfang-
reichere Texte aus unterschiedlichen
Kontexten veröffentlicht.

Über die Herausgeberin

Dr. Kirsten Winderlich ist Gastprofessorin für Musisch-Ästhetische Erziehung an der Universität der Künste Berlin und für Grundschulpädagogik/Kunst an der Universität Potsdam, desweiteren hat sie einen Lehrauftrag an der Freien Universität Bozen. Dort leitet sie das Laboratorium für Ästhetische Bildung, zudem ferner das von der Robert-Bosch-Stiftung geförderte Modell- und Forschungsprojekt „Kreativitätskoffer". Arbeits- und Forschungsschwerpunkte sind die Ästhetische Bildung in der (frühen) Kindheit, das Bildungspotenzial Raum, das zeitgenössische Bilderbuch und die qualitative Forschung.
Information: www.kirsten-winderlich.de
Kontakt: kontakt@kirsten-winderlich.de

Über die Mitwirkenden

Nick Ash ist freier Fotograf und lebt in Berlin. Neben seinen Arbeitsschwerpunkten der Fotografie zeitgenössischer Kunst und Architektur hat Nick Ash gemeinsam mit Kirsten Winderlich zahlreiche Projekte im Kontext der kulturellen und ästhetischen Bildung von Kindern begleitet. Seine Fotografie fokussiert und dokumentiert hierbei das Besondere und Eigensinnige der flüchtigen ästhetischen Bildungsprozesse. **Informationen:** www.nick-ash.com

Kathi Fourest ist international ausgebildete, freischaffende Tänzerin mit dem Schwerpunkt zeitgenössischer Tanz. Als Mitbegründerin von „Bal de LuKa" unterrichtet sie Kinder und Erwachsene.
Informationen: www.baldeluka.com

Ute Heuer ist hauptberuflich als bildende Künstlerin tätig, hat im In- und Ausland ausgestellt und wurde vielfach ausgezeichnet. Sie war Lehrbeauftragte der HBK Braunschweig sowie der Bundesakademie, zudem hat sie mehrere Projekte mit Kindertageseinrichtungen und Grundschulen durchgeführt und ist Initiatorin des „Mobilen Ateliers".
Kontakt: www.uteheuer.de
Informationen: www.galerie-schueppenhauer.de

Sabine Olearius ist bildende Künstlerin und Dipl.-Kunsttherapeutin. Sie hat das „atelier baustelle" mitbegründet, in dem Kunstkurse und Kunsttherapie für Kinder und Erwachsene angeboten werden.

Ihre Tätigkeit umfasst Kunstprojekte an Kindergärten, Schulen und in Einrichtungen für autistische Menschen sowie Elternbildungsseminare.
Kontakt: S.Olearius@gmx.de

Martina Pfeil, Dipl.-Sozialpädagogin und Theaterpädagogin (MA), ist wissenschaftliche Mitarbeiterin für Ästhetische Praxis und Bildung und lehrt im Studiengang „Bildung und Erziehung in der Kindheit" sowie im Studiengang „Soziale Arbeit" der Fachhochschule Potsdam. Sie führte Projektarbeiten und Produktionen u. a. für die Volksbühne am Rosa-Luxemburg-Platz, das Deutsche Theater sowie das Maxim-Gorki-Theater in Berlin und das Goethe-Institut in Estland durch. **Kontakt:** pfeil@fh-potsdam.de

Stefan Roszak, gelernter Klavier- und Cembalobauer, ist als wissenschaftlicher Mitarbeiter am Institut für Kunstdidaktik und Ästhetische Erziehung der Universität der Künste Berlin tätig. Seit 2005 wirkt er an der internationalen Sommerakademie „KlangKunstBühne" sowie beim Modellprojekt „Querklang – Experimentelles Komponieren in der Schule" mit und leitet in Zusammenarbeit mit pädagogischen Einrichtungen Workshops zu den Themen Klangkunst, Musikinstrumentenbau und experimentelles Komponieren. **Kontakt:** roszak@udk-berlin.de

Die einzelnen Projekte wurden mit **Studierenden des BA-Studienganges „Bildung und Erziehung in der Kindheit" der Fachhochschule Potsdam** in den Seminaren von Dr. Kirsten Winderlich zum Theaterspiel mit Kindern und zum Bildnerischen Gestalten im Wintersemester 2008/09 und im Sommersemester 2009 entwickelt. Die im Journal dokumentierten Projekte haben folgende Studierende mit Kindern aus Potsdamer und Berliner Kindertagesstätten durchgeführt: Josefine Behrendt (Potpourri-Materialbilder), Dennis Gabriel (Unterwegs in Wald, Garten und Park), Christina Jeschke (Vor Kindern spielen – als Spielerin), Eva Leichsenring (Vor Kindern spielen – als Spielerin; Unterwegs in Wald, Garten und Park), Claudia Mock (Potpourri-Materialbilder), Nathalie Krebel (Verpacken, Verhüllen, Vermummen), Johannes Winter (Brückenbau; Vor Kindern spielen – als Musiker), Carolin Wolschke (Vor Kindern spielen – als Musikerin), Diana Zill (Verpacken, Vermummen, Verhüllen).